어린이 제자훈련(고학년용) ♥ **인도자 지침서 4**

실천학교

국제제자훈련원은 건강한 교회를 꿈꾸는 목회의 동반자로서 제자 삼는 사역을 중심으로 성경적 목회 모델을 제시함으로 세계 교회를 섬기는 전문 사역 기관입니다.

어린이 제자훈련 **고학년용 4 – 인도자 지침서**

실천학교

초판 1쇄 발행 2009년 1월 30일
초판 5쇄 발행 2024년 1월 15일

지은이 사랑의교회 어린이 주일학교
펴낸이 오정현
펴낸곳 국제제자훈련원

등록번호 제2013-000170호(2013년 9월 25일)
주소 서울시 서초구 효령로68길 98(서초동)
전화 02-3489-4300 **팩스** 02-3489-4329
이메일 dmipress@sarang.org

ISBN 978-89-5731-346-6 03230

어린이 제자훈련(고학년용)

인도자 지침서 4

실천학교

제자훈련을 시작하기 전에…

1 제자훈련은 단순히 부모님이나 친구들에게 보여 주기 위한 훈련이 아니에요!

제자훈련은 우리 친구들이 하나님과 약속한 '개인적인 영적 훈련' 의 시간이에요! 부모님이 시키셔서 하는 것도 아니고, 친구들에게 자랑하려고 하는 것도 아니에요. 사람보다는 하나님을 먼저 생각하며 겸손한 자세로 훈련에 임했으면 좋겠어요.

2 제자훈련은 6일의 평일이 더 중요해요!

매주 진행되는 제자훈련에 한 번 참석하는 것보다는 매일 매일의 삶 속에서 성경말씀을 묵상하고 적용하는, 삶에서의 예배가 더 중요해요. 일주일 내내 하는 언어습관과 생활습관 속에서 예수님을 닮아가려고 노력하는 자세가 더 중요해요.

3 제자훈련은 영적으로 업그레이드(Up-grade)하는 장소에요!

제자훈련은 우리 친구들의 영적인 생활이 더 풍성해질 수 있도록 도와줄 거예요. 매일 매일 큐티하는 습관과 모든 일을 하나님께 기도해서 결정하는 생활들이 '생활화' 될 수 있도록 도와줄 거예요. 무엇보다도 중요한 것은 '하나님과 나와의 관계' 이기 때문이에요.

4 지각과 결석은 가장 나쁜 습관이에요!

제자훈련은 훈련이에요. 군인이 훈련을 실전과 같이 하지 않는다면, 전쟁터에 나가서 자기 몸을 지킬 수 없는 것처럼 제자훈련에 임하는 자세도 실전과 같아야 해요. 영적인 전투를 하는 우리에게 지각과 결석은 용납할 수 없는 일이에요.

5 벌점제도는 여러분들을 위해 있는 제도랍니다!

벌점제도는 우리 친구들의 적극성 있는 훈련을 위해 존재하는 여러분들을 위한 제도예요. 단지 벌점을 맞지 않기 위해서 열심히 하는 모습보다는 하나님을 사랑하기 때문에 열심히 하는 태도를 갖는 것이 가장 중요하겠죠?

제자훈련 숙제는요!?

제자훈련을 한다는 것은 '훈련(discipline)' 을 받는 것을 말합니다. 훈련받을 때 노력하지 않으면 아무런 결과도 없어요. 제자훈련을 받는 동안 우리 친구들의 영적 생활을 도와줄 '숙제' 들이 있답니다. 과연 무엇일까요?

	숙제	내용
1	기도 일기	매일 매일 하나님께 드리는 기도를 쓰는 거예요! 친구들이 개인적으로 일기장을 준비해서 하나님과 대화하는 형식으로 써 보세요.
2	생활 숙제	제자들은 단순히 하나님의 말씀을 '알고 있는 것' 으로 끝나서는 안 돼요! 알고 있는 것을 행해야죠. 일주일에 한 번 가정예배를 드리고 생활 숙제를 하는 거예요.
3	독후감	정해진 권장 도서를 읽고 독후감을 써오는 숙제에요.
4	성경구절 암송	매주 2절씩 성경구절을 외워 오는 숙제에요.
5	큐티	공과 책에 있는 큐티를 하는 거예요.
6	설교노트	훈련받는 친구들이 주일날 교회에 빠져서는 안 되겠죠? 설교노트를 통해 말씀을 내 것으로 만들어요.

제자훈련 서약서

†

예수님은 우리 모두가
참된 제자의 모습으로 성장하기를 원하십니다.
교회에 다닌다고 해서 모두 예수님의 제자는 아니에요.
예수님 말씀을 바르게 배우고 그 말씀대로
순종하는 친구들이 '참된 제자'라고 할 수 있지요.
그러므로 제자훈련을 통해 하나님의 말씀을 배우고
그 말씀대로 행하는 훈련을 받아야 합니다.
이에 훈련하기에 앞서 하나님과 친구들 앞에서
몇 가지를 서약하겠습니다.

❶ 나는 최선을 다해 하나님 말씀을 배우고 말씀에 순종하는 삶을 살겠습니다.

❷ 나는 경건의 훈련을 위해 주어지는 과제물들을 성실하게 하겠습니다.

❸ 나는 모임에 결석이나 지각하지 않고 끝까지 참석하겠습니다.

❹ 나는 선생님의 말씀에 순종하겠습니다.

❺ 나는 훈련 기간 동안 항상 긍정적인 '말과 행동'을 통해 덕을 세우겠습니다.

❻ 나는 세상에서도 예수님의 제자답게 행동하여 빛의 역할을 다하겠습니다.

년 월 일

제 자 ________________ 반

이 름 ______________ 서명

담임교사 ______________ 서명

제자훈련 교재의 구성은요?

어린이 제자훈련(고학년용 3) 『교리학교』에서는

한 나무가 든든히 성장하기 위해서는 반드시 땅속 깊이 뿌리를 내려야 합니다. 아이들의 신앙 교육에 뿌리가 되는 '교리교육'이 『교리학교』의 핵심입니다. 교리교육은 아이들이 가장 기초적인 기독교 교리를 숙지할 수 있도록 도와주며, 다음 단계 훈련에서 삶의 열매를 이끌어 낼 수 있는 좋은 토양을 만들어 줍니다. 다소 딱딱할 수 있는 주제를 재미있고 역동적인 대화로 이끌어 나가는 것이 핵심입니다.

어린이 제자훈련(고학년용 4) 『실천학교』에서는

예수 그리스도 안에서 깊은 신앙의 뿌리를 내린 사람은 반드시 '열매'를 맺어야 합니다. 특히 아이들이 삶에서 부딪힐 수 있는 여러 가지 상황 가운데 예수님의 제자로서 반드시 체크하고 넘어가야 할 실천적인 문제들을 소그룹을 통해 말씀으로 나누는 시간을 가집니다. 뿌리 깊은 나무는 어떤 거친 바람 가운데서도 꿋꿋이 생명을 유지합니다. 아이들의 영적인 생명력을 소생시키는 『실천학교』가 되어야 합니다.

이 교재의 활용법은요?

『실편학교』는 다음과 같은 구조로 구성했습니다.

1. 커리큘럼

과	훈련 제목	교리 키워드	훈련 내용
제1과	제자들의 삶 : 순종	순종	제자들의 삶의 기본이 '순종'이라는 사실을 깨닫고 이 기간 동안 순종의 삶을 살아요!
제2과	참된 예배를 드리는 제자	예배	예배는 하나님께 드리는 귀한 경배 행위에요. 어떤 예배가 참된 예배인지 알아 봐요!
제3과	아름다운 언어습관을 가져라	언어	내 입술에서 흘러나오는 말이 곧 내 마음속에 있는 말입니다.
제4과	영적 전투에서 승리하라	영적 전투	세상은 그리스도인들을 가만히 놔두지 않아요! 영적 전투에서 늘 승리하는 비결을 찾아보세요!
제5과	문화를 정복하라	문화	세상에는 수많은 문화가 있어요. 어떤 문화가 성경적으로 바른 문화인지 깨닫는 시간이 되세요!
제6과	공부, 짐인가? 기쁨인가?	공부	우리는 공부를 꼭 해야 합니다. 하지만 바른 목적을 가지고 공부해야 해요.
제7과	아름다운 가정	가정	하나님이 주신 아름다운 가정 속에서 부모님께 효도하고 형제간에 우애할 수 있도록 노력해요.
제8과	주님이 주신 새 계명 : 사랑	사랑	하나님께서는 우리에게 하나밖에 없는 아들 독생자를 사랑으로 주셨어요. 우리도 새 계명인 사랑을 남에게 베풀어야 해요.

2. 각 과의 구성

1) ICE BREAK

아이스 브레이크 시간은 초기 정돈되지 않은 분위기를 바로 잡고 각 과의 주제로 집중하기 위해 필요한 시간입니다. 그러므로 각 과의 아이스 브레이크 시간은 주제로 향하는 도입 질문 형식의 나눔 시간이 될 것입니다. 단, 아이스 브레이크 시간은 본론으로 향해가는 징검다리 역할일 뿐, 그것이 '전부'가 되어서는 안 됩니다. 아이들의 주제 환기와 분위기 전환을 위해 지혜롭게 사용하세요.

2) 기초 다지기 5단계

기초 다지기 5단계는 각 과의 가장 핵심적인 주제를 함축적으로 요약한 부분입니다. 1학기 과정에 맞추어 가장 핵심적인 교리를 다섯 가지로 살펴보면서 아이들의 이해력 향상을 돕습니다. '기초 다지기 5단계'는 담임교사가 설명해 주는 것도 좋지만 대그룹 인도자가 직접 인도하여 설명하는 것도 좋습니다. 반드시 기초적인 교리는 숙지하고 넘어갈 수 있도록 해주세요.

3) 본론

본론은 총 두세 가지의 대지로 구성되어 있습니다. 각 주제와 연관된 본문 구절을 중심으로 본격적인 소그룹 활동이 이루어집니다. 질문할 때는 가급적 '닫힌 질문'은 피하고, '열린 질문'으로 자연스럽게 소그룹을 유도하세요. 소그룹 인도자는 정형화된 모범 답안을 기대해서는 안 되며, 성경 말씀을 근거로 창의적으로 사고할 수 있도록 도와주세요.

4) 활동 퀘스트

적용 부분입니다. 각 과별로 주제에 맞는 활동과 나눔으로 구성되어 있으며, 아이들이 적극적으로 참여하기 위해서는 선생님들의 각별한 노력이 필요합니다. 준비물이 있다면 각 반별로 창의적으로 준비해 주세요. 또한 선생님의 예습이 필요합니다. 아이들이 일련의 활동을 통해 주제를 새롭게 깨닫는 시간이 될 수 있도록 도와주시고, 혹시 집에서 활동하는 경우에는 전화심방을 통해 관심 있게 체크해 주세요.

5) 기도로 맺어진 우리들의 끈

각 반별로 기도제목을 나누며 서로를 향해 알아가는 시간을 가집니다. 소그룹 시간이 부족하더라도 이 시간만은 꼭 지켜주세요. 함께 나눈 기도제목을 가지고 일주일 동안 기도의 끈을 놓지 않도록 도와주세요.

6) 제자의 생활 훈련

집에서 활동하는 생활 숙제입니다. 형식적인 숙제로 끝나지 않도록 취지를 잘 설명하고 관심 있게 체크하셔서 제자훈련이 아는 것에서 그치지 않고 삶 속에서 능동적인 변화로 이어질 수 있도록 도와주세요.

7) 말씀으로 맺어진 하나님의 은혜

주일 예배를 드리면서 설교를 기록할 수 있는 공간입니다. 기본적으로 주일 성수에 대한 요구와 설교에 대한 기록, 말씀대로 살아가는 훈련을 위해 관심을 가지고 체크하세요.

1과

제자들의 삶 : 순종

| 훈련 목적 |

1. 예수님이 우리의 목자이고 내가 양이라면, 과연 나는 주인에게 미운 양일지 예쁜 양일지 자가 진단을 해보세요.
2. 순종의 모델이신 예수님의 발자취를 따르게 합니다.
3. 일시적으로 끝나는 순종이 아닌 제자훈련을 받는 기간 내내 '순종을 습관화'할 수 있도록 안내합니다.
4. 아이들의 삶 속에서 예수님의 말씀이라면 100% 순종할 수 있는 영성을 길러 줍니다.

| 외울 말씀 |

첫 과이므로 외울 말씀이 없습니다.

| 교사 준비물 |

1. 환영과 인사
2. 기도
3. 제자훈련 오리엔테이션(숙제, 기간, 훈련 요소 등)
4. 활동 퀘스트 미리 해오기
5. 방학숙제 체크

1 ICE BREAK

Tip 아이스 브레이크는 정답이 없습니다. 선생님은 아이들이 주제로 향하는 길목에서 바른 길로 가도록 안내하는 안내자 역할을 잘 감당해야 합니다. '무엇'(what)보다는 '왜'(why)라는 질문에 주목하십시오.

"내가 만약 양치기 소년이라면?!"

만약 내가 많은 양을 치는 양치기 소년이라면 어떤 양이 가장 예쁠까요? 그리고 어떤 양이 가장 미울까요?

가장 예쁜 양

가장 미운 양

1. 양들이 예쁠 때는 언제일까요?

2. 양들이 미울 때는 언제일까요?

3. 우리가 예수님의 양이라면 어떻게 해야 예수님이 기뻐하실까요?

2—예수님은 목자, 나는 양

1. 다음 글을 읽고 생각해 보세요.

> ●●● 양은 언제 어디서나 자기 목자만을 철저하게 따릅니다. 팔레스타인에서는 서로 다른 주인들이 모든 양 떼를 한 우리 안에 넣고 키웁니다. 아침이 되면 주인은 자기 양의 이름을 한 마리씩 불러 다른 목자의 양들과 구별했습니다. 아무리 다른 주인이 목소리를 흉내 내어 양의 이름을 불러도, 양은 주인의 음성을 분별하여 속지 않습니다. 그래서 우리로 돌아오는 저녁까지 양은 목자가 인도하는 대로 따라다닙니다.

2. 요한복음 10장 27절을 찾아 적어 보세요.

   요한복음 10:27

   "내 양은 내 음성을 들으며 나는 그들을 알며 그들은 나를 따르느니라."

3. 요한복음 10장 27절에서 맞는 것을 찾아 줄을 그어 보세요.

내 양 •	• 예수님이 하시는 말씀
내 음성 •	• 예수님
나 •	• 예수님을 따르는 사람

4. 하나님의 자녀 된 우리는 범사에 순종해야 해요. 왜 그런가요?

   하루 종일 어떤 상황에서도 양이 목자를 잘 따르는 이유는 무엇일까요?

   : 양은 목자를 신뢰합니다. 목자가 자신에게 물을 주고, 꼴을 주고, 보호해 주는 사람임을 철저히 신뢰합니다. 때문에 양은 목자를 잘 따릅니다.

   예수님이 순종을 설명하실 때 다른 비유를 들 수도 있었는데 왜 하필 '목자와 양'에 빗대어 말씀하셨을까요?

: 양만큼 목자를 철저히 따르는 동물이 없기 때문입니다.

우리는 예수님의 음성을 잘 듣고 잘 따르는 착한 양인가요?

> **Tip**
>
> **양(Lamb)**
> 소과에 속하는 초식동물로 전 세계에 골고루 분포되어 있습니다. 양은 이스라엘 사람과 관계가 깊은 가축으로 성경에 제일 먼저 기록된 동물입니다(창세기 4:4). 양은 희생제물로 사용되었으며(출애굽기 29:22) 족장들의 큰 재산이기도 했습니다(욥기 1:2). 양들은 무리를 지어 생활하고 높은 곳에 오르기를 좋아하며 1년에 두 번 새끼를 낳습니다. 중동 지방에서는 양마다 이름이 있고 이름을 불러주면 사람을 잘 따릅니다(에스겔 34:11~12). 하지만 목자나 무리의 우두머리가 없으면 모두 흩어져 버리는 성질도 있습니다(마태복음 18:10~14).

3 순종의 모범 : 예수님

1. 예수님은 '순종의 모델(model)' 이세요. 왜 그럴까요?

   십자가를 지는 것은 가장 큰 순종의 사건이었습니다.

   : 쉽지 않은 일을 하는 것이 진정한 순종입니다. 사실 쉬운 일은 얼마든지 순종할 수 있습니다. 예수님의 순종이 위대한 이유는 아무도 할 수 없는 너무나도 고통스럽고 어려운 일이었기 때문입니다.

2. 예수님은 우리에게 순종의 본을 보이셨어요. 성경구절을 찾아 무엇을 순종하셨는지 적어 보세요.

   ✣요한복음 4:34

   "예수께서 이르시되 나의 양식은 나를 보내신 이의 뜻을 행하며 그의 일을 온전히 이루는 이것이니라."

✣요한복음 8:29

"나를 보내신 이가 나와 함께하시도다 나는 항상 그가 기뻐하시는 일을 행하므로 나를 혼자 두지 아니하셨느니라."

예수님의 순종의 주체

: 예수님의 순종의 주체는 늘 '나를 보내신 이의 뜻'이며, '그가 기뻐하시는 뜻'이었습니다. 즉, 예수님은 자신의 뜻이 아닌 하나님 아버지의 뜻에 따라 순종했음을 본문에서 잘 말해 주고 있어요.

3. 이때까지 살면서 하나님의 말씀에 순종해 본 경험이 있다면 이야기해 보세요.

4. 하나님의 말씀에 순종하고 나니 어떤 기분이 들었나요?

당신은 이런 순종을 통해 무엇을 배웠나요?

: 순종은 희생이고 손해인 것 같지만 사실은 유익입니다. 내가 순종하려고 하면 하나님은 순종할 수 있는 힘과 지혜를 주십니다. 순종을 통해서 믿음이 자랍니다.

4 순종을 습관화하라!

Tip

교사의 자발적 참여

이런 부류의 활동을 할 때 선생님은 반드시 자신의 것도 보여 주어야 합니다. 제자훈련은 아이들만 받는 것이 아니라 선생님도 하나님 앞에서 온전히 예수님의 제자로서 삶을 드려야 합니다.

1. 예수님이 우리의 주인이시고, 우리는 예수님의 양이라면 우리는 예수님의 본을 따라 모든 일에 순종하는 삶을 살아야 해요. 우리 삶의 각 영역 속에서 어떤 순종의 습관을 보일지 나누어 보세요.

순종 미션	순종 체크	앞으로의 다짐
밥 먹기 전에 기도하기	○ △ ×	
잠자기 전에 기도하기	○ △ ×	
매일 성경 보고 큐티하기	○ △ ×	
제자훈련 숙제는 기쁜 마음으로 하기	○ △ ×	
내 방은 내가 청소하기	○ △ ×	
욕하지 않기	○ △ ×	
주일날 교회 올 때 헌금 준비하기	○ △ ×	
주일날 교회 올 때 지각 안 하기	○ △ ×	
길거리에 쓰레기 버리지 않기	○ △ ×	
전도하기	○ △ ×	

2. 위의 표를 보고 체크할 때 ○가 많았나요? △가 많았나요? ×가 많았나요? 왜 이러한 결과가 나왔을까요?

3. 제자훈련 2학기를 시작하며 '순종의 다짐'을 세 줄로 표현해 보세요.

서로를 향해 다짐하며 발표하십시오. 이러한 다짐을 세 줄 다짐으로 성문화하여 끝내는 것이 아니라 훈련 기간 동안 지속적으로 체크해 주십시오.

5 활동 퀘스트

Tip

찬양 가사를 순종으로 드리기.
각자 좋아하는 찬양의 가사를 적어도 좋고, 한 반이 한 곡을 정해서 얼마나 순종했는지 체크하는 것도 의미가 있습니다. 활동 퀘스트를 진행하면서 왜 이런 활동을 하는 것인지에 대한 본질적인 대답도 자연스럽게 유도할 필요가 있습니다(순종은 말로만 그치는 것이 아니라 삶의 행동으로 표현되어야 한다는 것).

당신의 순종은 몇 %인가요?

자신이 가장 좋아하는 찬양의 가사를 전부 적어 보세요.

찬양 제목 :

가사 :

1. 가사 내용 중에 내가 지난 일주일 동안 그대로 행한 적이 있는 부분이 있다면 동그라미 쳐 보세요.

2. 몇 퍼센트나 가사의 내용에 순종하고 있나요?

다음주에 외울 암송구절

"너는 진리의 말씀을 옳게 분별하며 부끄러울 것이 없는 일꾼으로 인정된 자로 자신을 하나님 앞에 드리기를 힘쓰라."

디모데후서 2:15

"하나님은 영이시니 예배하는 자가 영과 진리로 예배할지니라."

요한복음 4:24

기도로 맺어진 우리들의 끈

한 사람을 사랑하는 가장 좋은 방법은 그 사람을 위해서 기도하는 거예요. 기도는 '바라는 것' 이 '실상(實狀, reality)' 이 되는 놀라운 능력이에요! 서로를 위해 기도하며 하나님 나라의 비밀을 체험하는 시간이 되기를 소망합니다.

기도 대상자	기도 제목

"너는 기도할 때에 네 골방에 들어가 문을 닫고 은밀한 중에 계신 네 아버지께 기도하라 은밀한 중에 보시는 네 아버지께서 갚으시리라" (마태복음 6:6).

생활과제 보고서

제자의 생활훈련

1. 가정 예배를 이렇게 드렸어요.

- 예배 사회 :
- 대표 기도 :
- 설 교 자 :
- 설교 내용 요약 :
- 찬　양 :
- 성경 본문 :

2. 우리 가족 기도 제목 나누기

이름	기도 제목

3. 생활의 제자훈련

날짜	섬김의 내용	부모님 확인
예) 월/일	예) 내 방 청소하기	○ △ ×

✚ 말씀으로 맺어진 하나님의 은혜

주일설교 note

설교 날짜 :

설교 제목 :

본문 말씀 :

설교 내용 :

적용 질문

❶ 설교 말씀을 듣고 새롭게 깨달은 사실이 있다면 무엇일까요?

❷ 나는 이제 어떻게 살아야 할까요?

2과

참된 예배를 드리는 제자

| 훈련 목적 |

1. 예배는 하나님과 세운 언약이자 약속이라는 사실을 깨닫게 합니다.
2. 예배를 왜 드려야 하는지에 대한 바른 생각을 유도합니다.
3. 내 몸을 하나님이 기뻐하시는 산 제사로 드릴 수 있는 기회를 줍니다.
4. 예배 태도 테스트를 통해서 나의 예배 생활 태도를 점검하게 합니다.

| 외울 말씀 |

1. "너는 진리의 말씀을 옳게 분별하며 부끄러울 것이 없는 일꾼으로 인정된 자로 자신을 하나님 앞에 드리기를 힘쓰라"(디모데후서 2:15).
2. "하나님은 영이시니 예배하는 자가 영과 진리로 예배할지니라"(요한복음 4:24).

| 교사 준비물 |

1. 환영과 인사
2. 기도
3. 제자훈련 오리엔테이션(숙제, 기간, 훈련 요소 등)
4. 활동 퀘스트 교사 예습
5. 아이스 브레이크 교사 예습

1—ICE BREAK

Tip 아이스 브레이크는 정답이 없습니다. 선생님은 아이들이 주제로 향하는 길목에서 바른 길로 가도록 안내하는 안내자 역할을 잘 감당해야 합니다. '무엇'(what)보다는 '왜'(why)라는 질문에 주목하십시오.

"예배는 무슨 색깔?!"

무슨 색깔?

그 이유는?

2—예배란 무엇일까요?

1. 다음 글을 읽고 생각해 보세요.

●●● 하워드(Haward) 장군은 신앙이 독실한 기독교인이었습니다. 그가 서부 해안 지대로 파견을 나가 있을 때에 그의 친구들은 수요일 저녁에 그의 명예를 축하하는 환영 만찬회를 열기로 했습니다. 그들은 여러 곳에 초대장을 보냈고 미국 대통령까지 축하 전문을 보내 왔습니다. 그들은 장군을 깜짝 놀라게 해주기 위해 모든 준비를

마치고 제일 마지막에 그에게 알리기로 했습니다.

마침내 완벽한 준비를 끝내고 난 후 그들은 장군에게 이 소식을 알렸습니다. 그러자 하워드 장군은 이렇게 말했습니다. "미안하게 되었네. 수요일 저녁에 다른 약속을 이미 해두었네." 실망한 친구들이 하워드를 설득했습니다. "하지만 이 사람아, 그 날은 미국의 저명한 인사들이 많이 참석할 텐데….

선약을 취소하면 안 되겠나?" 장군은 고개를 가로 저으면서 이렇게 말했습니다. **"나는 크리스천이 라네. 나는 수요일 밤 기도회 시간에 꼭 주님을 만나 뵙겠다고 주님과 약속했다네. 어떤 것도 이 중요한 약속을 깨뜨릴 수 없다네."**

2. 내가 하워드 장군이라면 어떻게 했을까요?

'자기 동일시 질문' 같은 경우에는 장난스럽게 대답할 경우가 많습니다. 지혜로운 중재자로서 교사의 역할을 잘 감당해야 합니다.

내가 하워드 장군의 친구들이었다면?

3. 그러므로 예배는

❶ 하나님과의 약속 이다.

예배가 약속이라면 예배 시간에 지각이나 결석을 해서도 안 됩니다. 자연스럽게 주일성수에 대해서 나누십시오.

❷ 하님께서 우리를 향하신 사랑 이며, 동시에 그분을 향한 우리의 사랑 이다.

예배가 하나님을 향한 사랑의 표현이라면, 우리는 예배드리러 올 때 그냥 와서는 안 됩니다(사모하는 마음, 두근거리는 마음, 준비된 선물, 헌금 등).

❸ 하나님과 만나는 시간이다.

예배가 하나님과 만나는 시간이라면 우리는 예배를 소홀히 할 수 없습니다. 대통령을 만날 때도 마음을 다잡고, 좋은 옷으로 갈아입고 만나는데 하나님을 만날 때 우리의 태도는 어떤지 되짚어 보세요.

4. 평소에 나는 '예배'를 무엇이라고 생각했나요?

예배의 개념을 확고히 하십시오. 예배는 형식적이어서는 안 됩니다. 예배는 사랑하는 사람과 두근거리고 떨리는 마음으로 약속한 만남의 시간입니다.

3—예배는 왜 드릴까요?

1. 하나님의 명령 이기 때문이에요! : 요한복음 4:23~24

"아버지께 참되게 예배하는 자들은 영과 진리로 예배할 때가 오나니 곧 이때라 아버지께서는 자기에게 이렇게 예배하는 자들을 찾으시니라 하나님은 영이시니 예배하는 자가 영과 진리로 예배할지니라."

2. 내가 살아 있는 이유 이기 때문이에요! : 이사야 43:7

"내 이름으로 불려지는 모든 자 곧 내가 내 영광을 위하여 창조한 자를 오게 하라 그를 내가 지었고 그를 내가 만들었느니라."

3. 예배를 통해 우리는 자라 가요! : 에베소서 4:15

"오직 사랑 안에서 참된 것을 하여 범사에 그에게까지 자랄지라 그는 머리니 곧 그리스도라."

4. 예배를 통해 우리는 교제 해요! : 사도행전 2:46

"날마다 마음을 같이 하여 성전에 모이기를 힘쓰고 집에서 떡을 떼며 기쁨과 순전한 마음으로 음식을 먹고."

5. 예배를 통해 우리는 찬양 해요! : 사도행전 2:47

"하나님을 찬미하며 또 온 백성에게 칭송을 받으니 주께서 구원 받는 사람을 날마다 더하게 하시니라."

6. 예배를 통해 우리는 봉사 해요! : 베드로전서 4:10

"각각 은사를 받은 대로 하나님의 여러 가지 은혜를 맡은 선한 청지기 같이 서로 봉사하라."

7. 예배에 빠져서는 안 될 다섯 가지는?!

Tip

외우기

신앙교육에도 암기는 필요합니다. 예배에 빠지면 안 되는 다섯 가지를 이해하고 암기할 수 있도록 반복해서 외우게 하십시오. 손가락을 하나씩 펴면서 외우는 것도 좋습니다.

4—어떻게 예배를 드려야 할까요?

1. 요한복음 4장 24절을 찾아 괄호를 채우세요.

"하나님은 영이시니 예배하는 자가 (영)과 (진리)로 예배할지니라"

> **Tip**
> **요한복음 4:24** (NIV)
> "God is spirit, and his worshipers must worship in spirit and in truth."
> 영어 성경에는 영(Spirit)과 진리(Truth)로 되어 있습니다. '신령과 진정' 으로라는 번역은 잘못된 번역입니다.

2. 예수님은 예배를 어디서 드리는가는 중요하게 생각하지 않으셨어요. 예수님은 우리가 예배드릴 때에 가장 중요한 것이 무엇이라고 말씀하셨나요? : 요한복음 4:23

   영과 진리로 예배드린다는 뜻은 무엇입니까?

   : 예배는 하나님과 영적으로 교통하는 행위이므로 '영'으로 드려지는 것이고, 우리 안에 말씀을 듣고 깨달을 수 있는 '진리의 영'이 필요하기 때문에 '진리'로 예배드린다는 뜻입니다.

3. 영적 예배는 내 (몸)을 (거룩한 산 제물)로 드려야 한다.

   이것이야말로 우리가 드려야 할 (영적)인 예배이다. : 로마서 12:1

4. 여기서 말하는 '산 제물'의 뜻은 무엇일까요?

   죽은 제물이 아니라 살아 있는 제물을 뜻합니다.

   : 구약 시대에는 제물을 죽이고 제단에 올려 하나님께 번제를 드렸습니다. 하지만 예수님께서 어린양이 되시고 자신의 몸을 십자가에 드려 속죄제사로 드리셨습니다. 그러므로 이제 예배드릴 때 더 이상 짐승이 필요 없어졌습니다. 이제 우리 몸을 거룩한 산 제물로 하나님께 영적으로 드려야 합니다.

Tip

구약의 제사(祭祀, Sacrifice)

1. 구약의 율법을 보면 그 목적과 의의에 따라, 번제(레위기 6:8이하), '상번제'(민수기 28:3 기타, 스바냐 3:5 항상 드리는 번제), '화제'(민수기 28:1 이하), '속죄제'(레위기 4:1 이하), '화목제'(레위기 3:1 이하), '속건제'(레위기 5:14 이하, 7:1 이하), '요제' 및 '거제'(레위기 7:30 이하) 등 제사 종류가 정해져 있었습니다. 이 밖에도 '소제'(곡물 등의 식물로서의 제사, 레위기 2:1 이하), '관제'(포도주-출애굽기 29:40; 레위기 23:13 기타) 등도 있습니다.

2. 제사 제물의 봉헌. 이스라엘 초기에 희생제사는 각지의 지방성소 제단에서 드려졌고, 솔로몬 왕에 의해 예루살렘 성전이 건립된 후에도 그것이 계속되었습니다. 그러나 신명기 개혁에 의해, 희생제물 봉헌의 장소는 예루살렘 성전에 집중되도록 정해 졌습니다. 바벨론 포로 이후에도 예루살렘 성전만이 희생제물 봉헌의 장소가 되었습니다. 희생제물은 조석의 예배(제사)에도 드려졌는데, 특히 유월절, 무교절(신명기 16:1~8), 칠칠절(신명기 16:9~12, 신약시대의 오순절), 초막절(신명기 16:13~15), 대속죄일(레위기 16장)의 4대 절기에는 정해진 희생제사(제물)가 드려졌습니다. 최후의 제사는 희생제물로서 그리스도의 죽으심을 이해하는 데 중요한 관계가 있습니다.

5. 나를 하나님께 산 제물로 드리는 방법을 두 가지만 생각해서 적어 보세요.

1 ★ 늘 죄와 멀리하며 거룩함에 힘씁니다.

2 ★ 예수님이 우리를 사랑하신 것처럼 우리도 다른 사람들을 사랑합니다.

6. 골로새서 3장 23절을 찾아 적어 보세요.

"무슨 일을 하든지 마음을 다하여 주께 하듯 하고 사람에게 하듯 하지 말라."

7. 골로새서 3장 23절의 말씀과 같이

청소하는 것도
친구를 섬기는 것도
부모님께 순종하는 것도 → (예배) 입니다.
학교생활도
공부도
화장실 청소도

> **Tip**
> **삶의 예배**
> 일주일에 한 번 교회 나와서 드리는 주일 예배도 매우 중요하지만, 나머지 6일 동안 드리는 '삶의 예배'도 매우 중요합니다. 6일 동안의 삶 속에서 얼마나 하나님을 만나고 경험했는지에 대한 구체적인 질문을 하십시오. 그리고 자연스럽게 활동 퀘스트에서 '예배 태도 테스트'를 하세요.

5 활동 퀘스트

예배 태도 점검 test

전혀 그렇지 않다 (1), 별로 그렇지 않다 (2), 보통이다 (3), 그렇다 (4), 매우 그렇다 (5)

1. 예배를 드리는 마음으로 학교에서나 동네에서 친구들과 이야기한다. ( )
2. 하나님 앞에 서서 예배하는 마음으로 컴퓨터를 하고 인터넷도 한다. ( )
3. 주일 예배에 일찍 오기 위해 토요일 저녁에는 일찍 잠을 잔다. ( )
4. 예배 시간 10분 전에 교회에 도착한다. ( )
5. 예배 시간에는 다른 생각을 하지 않는다. ( )
6. 주일에는 무슨 일이 있어도 교회에 가서 예배를 드려야 한다고 생각한다. ( )
7. 주일 아침에 성경과 공과 책을 꼭 챙긴다. ( )
8. 예배는 나의 모든 것을 하나님께 드리는 것이다. ( )
9. 학교에 도착해서도 예배하는 마음으로 기도하고 일과를 시작한다. ( )
10. 오늘의 성경말씀을 미리 찾아서 읽어 온다. ( )
11. 헌금 시간에 대표로 친구들이 나와 기도할 때 내가 하듯이 기도한다. ( )
12. 설교 말씀을 듣고 그렇게 살고자 결심한다. ( )
13. 소그룹을 위해 공과 교재를 미리 예습해 온다. ( )

14. 예배드릴 때 하나님께서 나와 함께하심을 느낀다. ( )

15. 찬양 시간에 온 마음과 정성을 다하고 목소리 높여 찬양한다. ( )

16. 소그룹이 끝나고 축도 기도할 때 정성을 다해서 기도한다. ( )

17. 설교 말씀이 나에게 말씀하시는 하나님의 말씀으로 다가온다. ( )

18. 주일날 예배실에 들어와 가방과 모자를 내려 놓고 간절하게 기도한다. ( )

19. 평소에도 학교에서나 집에서 하나님 앞에 예배한다. ( )

20. 잠들기 전에 예배하는 마음으로 기도하고 잔다. ( )

1. 나의 점수는 몇 점인가요? .... 점

2. 나에게 있어 가장 부족한 부분은 무엇일까요? 그것을 어떻게 보완해 나갈 수 있을까요?

....

....

다음주에 외울 암송구절

"선한 사람은 마음에 쌓은 선에서 선을 내고 악한 자는 그 쌓은 악에서 악을 내나니 이는 마음에 가득한 것을 입으로 말함이니라."

누가복음 6:45

"사람은 그 입의 대답으로 말미암아 기쁨을 얻나니 때에 맞는 말이 얼마나 아름다운고."

잠언 15:23

기도로 맺어진 우리들의 끈

한 사람을 사랑하는 가장 좋은 방법은 그 사람을 위해서 기도하는 거예요. 기도는 '바라는 것' 이 '실상(實狀, reality)' 이 되는 놀라운 능력이에요! 서로를 위해 기도하며 하나님 나라의 비밀을 체험하는 시간이 되기를 소망합니다.

기도 대상자	기도 제목

"너는 기도할 때에 네 골방에 들어가 문을 닫고 은밀한 중에 계신 네 아버지께 기도하라 은밀한 중에 보시는 네 아버지께서 갚으시리라" (마태복음 6:6).

생활과제보고서

제자의 생활훈련

1. 가정 예배를 이렇게 드렸어요.

● 예배 사회 :	● 찬 양:
● 대표 기도:	● 성경 본문:
● 설 교 자 :	
● 설교 내용 요약:	

2. 우리 가족 기도 제목 나누기

이름	기도 제목

3. 생활의 제자훈련

날짜	섬김의 내용	부모님 확인
예) 월/일	예) 내 방 청소하기	○ △ X

✚ 말씀으로 맺어진 하나님의 은혜

주일설교 note

설교 날짜 :

설교 제목 :

본문 말씀 :

설교 내용 :

적용 질문

❶ 설교 말씀을 듣고 새롭게 깨달은 사실이 있다면 무엇일까요?

❷ 나는 이제 어떻게 살아야 할까요?

3과

아름다운 언어습관을 가져라

| 훈련 목적 |

1. 입에서 나오는 말의 근원은 마음입니다. 이것을 깨닫고 예수님의 제자다운 마음을 가지도록 돕습니다.
2. 야고보서 말씀을 통해 '혀의 실체'를 깨달으며 혀를 단속하도록 인도합니다.
3. 선한 마음을 늘 마음에 품음으로 혀를 길들이게 돕습니다.
4. 욕을 하지 않겠다는 서약서를 쓰고 새로운 다짐을 하게 합니다.

| 외울 말씀 |

1. "선한 사람은 마음의 쌓은 선에서 선을 내고 악한 자는 그 쌓은 악에서 악을 내나니 이는 마음의 가득한 것을 입으로 말함이니라"(누가복음 6:45).
2. "사람은 그 입의 대답으로 말미암아 기쁨을 얻나니 때에 맞은 말이 얼마나 아름다운고"(잠언 15:23).

| 교사 준비물 |

1. 환영과 인사
2. 기도
3. 제자훈련 오리엔테이션(숙제, 기간, 훈련 요소 등)

1 ICE BREAK

Tip

욕의 습관화

초등학교 고학년이 되면 주변에서 욕 하는 것을 듣고 자연스럽게 욕 하는 아이들이 나타납니다. 언어 습관이 형성되는 소년 시절에 좋지 않은 언어 습관으로 혀가 더럽혀지는 것을 경계하며 아이스 브레이크를 진행하십시오. 무엇보다 중요한 것은 '정죄'의 분위기가 되어서는 안 되며, 자연스럽게 자신의 상황을 여는 분위기를 만드는 것입니다.

나는 이럴 때 꼭 욕을 한다!! BEST 3

나는 이럴 때 꼭 욕을 한다 BEST 3

1

2

3

1. 가장 최근에 욕을 한 적이 있는지 생각해 보세요. 그때는 무슨 상황이었나요?

2. 나에겐 욕이 습관인가요, 아닌가요?

3. 남에게 직접 욕을 들은 적이 있나요? 그때는 무슨 상황이었나요?

2—좋지 않은 언어습관의 자리

1. 다음 질문을 읽고 해당하는 곳에 동그라미를 쳐 보세요.

내가 주로 나쁜 말을 하는 장소는 어디인가요?

집

교회

학원

학교

모든 곳

❶ 반에서 가장 많이 나온 장소는 어디인가요?

가장 많이 나온 장소가 욕을 하기에 가장 좋은 장소일 것입니다. '좋지 않은 언어 습관'과 '장소'와는 분명 모종의 밀접한 관계가 있습니다. 하지만 예수 믿는 사람들은 '장소의 한계'를 뛰어넘고, '구조의 한계'까지 뛰어넘을 수 있다는 사실을 알려 주어야 합니다.

❷ 왜 이런 결과가 나왔을까요?

좋지 않은 언어 습관과 장소와의 연계성

❸ 집이나 교회에서 나쁜 말을 잘 하지 않는 이유는 무엇일까요?

결국 좋지 않은 언어 습관은 스스로 통제 가능하다는 사실을 알려 주십시오.

❹ "악(惡)은 음지(陰地)"에서 라는 말이 있어요. 떳떳하지 못한 것은 드러내 놓고 하지 못하죠! 과연 어떤 언어습관이 떳떳한 습관일까요?

좋은 언어 습관의 구체적인 실례를 발표시키십시오.

3—혀의 실체

1. 야고보서 3장 1~10절을 읽고 물음에 답해 보세요.

❶ 본문에는 혀의 악(惡)을 어떻게 표현하고 있나요?

혀는 곧 (불)이요 (불의)의 세계라 혀는 우리 지체 중에서
온몸을 (더럽)히고 삶의 수레바퀴를 (불사르)나니
그 사르는 것이 (지옥 불)에서 나느니라 : 6절

혀는 능히 길들일 사람이 없나니 쉬지 아니하는 (악)이요
죽이는 (독)이 가득한 것이라 : 8절

한 입에서 (찬송)과 (저주)가 나오는도다 : 10절

❷ 본문을 읽으면서 혀에 대해 어떤 느낌을 가지게 되나요?
본문이 혀에 대해서 부정적인 어감으로 표현하는 것은 혀가 얼마나 위력적인지 경계하는 자세를 갖게 하는 것입니다.

2. 혀는 사람을 더럽히고 해를 끼칠 수 있어요. 다시 말해서 잘못한 말 한마디로 한 사람의 영혼에 큰 상처를 입히기도 하고 인격을 모욕하기도 해요. 그 사례를 한두 가지 나누어 보세요.
혀는 우리 지체 중에서 온몸을 더럽히고 생의 바퀴를 불사릅니다. 예를 들어 절도죄가 그냥 물건을 훔치는 것에 불과하다면, 누구를 비난하고 상처 주는 말은 사람의 깊은 영혼을 파괴하는 힘이 있습니다.

온몸과 생의 바퀴란 무엇을 의미할까요?

: 온 몸이란 전 인격을 두고 한 말이고, 생의 바퀴는 생활을 은유한 말입니다.

온 몸을 더럽힌다는 말과 생의 바퀴를 불사른다는 말은 말하는 자에게 해당할까요, 아니면 그 말을 듣는 자를 두고 하는 말일까요?
: 모두를 가리킨다고 볼 수 있습니다. 혀는 다른 지체와 달리 듣는 자와 말하는 자의 온 인격을 더럽히고 삶을 파괴합니다.

3. 그러므로 말의 실수가 없는 사람은 대단한 사람이에요. 야고보서 3장 2절에는 이러한 사람을 무엇이라고 말하고 있나요?

우리가 다 실수가 많으니 만일 말에 실수가 없는 자라면 곧 (온전)한 사람이라
: 야고보서 3:2

4. 나는 온전한 사람인가요, 실수가 많은 사람인가요? 나의 상태를 체크해 보세요.
혀로 인해 남에게 상처를 준 적이 있다면 나누어 보세요.
혀로 인해 남에게 큰 위로가 된 적이 있다면 나누어 보세요.

Tip 선생님의 경험담을 꼭 이야기하십시오. 아이들의 눈높이에서 공감대를 형성하는 것이 좋습니다.

4—혀 길들이기

1. 마태복음 12장 33~37절을 읽어 보고 어떤 내용인지 옆 사람과 나누어 보세요.
열매로 나무의 상태를 판단하는 것처럼 우리의 말로 우리의 마음을 판단할 수 있습니다.

2. 혀를 길들이는 가장 확실한 방법은 마음을 선하게 가지는 거예요! 선한 마음을 가

진 사람이 선한 말을 하고, 악한 마음을 가진 사람이 악한 말을 하는 것은 당연한 거예요! 나의 마음은 어떤 마음인가요?

예레미야는 "선한 마음을 가진 사람이 하나도 없다"고 말합니다. 때문에 우리는 마음을 변화시키려고 노력하는 것이 아니라 마음의 변화를 받아야 합니다. 그러기 위해서 우리의 마음속은 말씀의 은혜로 가득 채워져야 합니다. 그러면 분명 혀를 길들일 수 있습니다.

> Tip
> **마음의 변화를 받으십시오.**
> 마음의 변화를 받기 위해서는 하나님께 기도해야 합니다. 말씀의 은혜로 마음을 채우기 위해서는 말씀을 묵상하고 적용하는 삶을 살아야 합니다. 이렇게 기도와 말씀묵상 생활을 통해서 우리의 언어생활은 성숙해 집니다.

3. 말은 심판을 받게 되어 있어요(36절). 무심코 한 말이라도 하나님 앞에서 심문을 받는답니다. 나는 나중에 죽어서 하나님의 심판대 앞에 섰을 때 어떻게 될까요?

마태복음 12:36

"내가 너희에게 이르노니 사람이 무슨 무익한 말을 하든지 심판 날에 이에 대하여 심문을 받으리니."

언어생활을 성숙시키기 위해서 기억해야 할 것이 또 있습니다. 우리의 언어가 상대방에게 상처를 줄 뿐만 아니라 하나님께 심판받는다는 사실입니다. 우리가 언어생활에 대한 심판을 두려워한다면 더욱 성숙한 언어생활을 할 수 있을 것입니다.

4. 마태복음 7장 1~5절을 읽고 남을 비판하는 것에 대해 살펴보세요.

❶ 왜 비판하는 것이 나쁠까요?

자기 눈에 있는 들보는 보지 못하면서 남의 눈에 있는 티끌을 보고 비판하는 것은 이율배반적이고 자가당착적인 행동입니다.

❷ 남을 비판하는 일 중 가장 좋지 않은 일은 친구를 '왕따' 시키는 거예요. 말로 남을 비판하며 왕따시킨 적이 있나요? 혹시 왕따를 당한 적이 있나요? 세 줄 회개 기도문으로 하나님께 용서를 구하세요.

왕따(남을 비판하며 따돌림) 문제가 하나님 앞에서 얼마나 큰 죄인지 깨닫는 시간이 되도록 인도하십시오.

> **Tip**
>
> **왕따 문제**
>
> 초등학교 고학년이 되면 왕따 문제가 심각합니다. 왕따의 기본은 남을 비판하는 태도에서 시작됩니다. 남을 헐뜯고 비방하고 나쁜 소문을 퍼뜨림으로 한 사람의 영혼을 파괴하는 것입니다. 제자훈련 받는 친구들에게 진지하게 물어 보세요. 왕따를 시킨 적, 당한 적, 본 적이 있는지에 대해서 나누어 본 후 하나님께 용서를 구해야 합니다. 여러 사람의 따돌림으로 한 사람의 영혼이 완전히 파괴되어 멸망에 이르게 되기도 하기 때문입니다(예화 : 왕따로 자살한 수많은 아이들의 이야기).

5 활동 퀘스트

욕을 하지 않으려면 이렇게 해야 한다 BEST 3

욕을 하지 않으려면 이렇게 해야 한다 BEST 3

1

2

3

1. 만약 나중에 내가 부모가 되어서 내 아들, 딸들이 욕하는 것을 들었다면 어떻게 할 건가요?

2. 제자훈련을 받는 친구들은 욕을 점점 줄여 나갔으면 좋겠어요. 같이 서약서에 서명을 하고 꼭 실천해 봐요!

서 약 서

나 ______________은 제자훈련을 받는 기간 동안에 가급적이면 욕을 하지 않고, 점점 줄여 나갈 것을 예수님 앞에서 서약합니다. 이 서약서에 서명을 한 후에는 성령님께서 나의 입술과 혀를 지켜 주실 줄 믿고 의지합니다!

20 . . .

이름 ______________

서명 ______________

다음 주에 외울 암송구절

"근신하라 깨어라 너희 대적 마귀가 우는 사자같이 두루 다니며 삼킬 자를 찾나니."

베드로전서 5:8

"종말로 너희가 주 안에서와 그 힘의 능력으로 강건하여지고 마귀의 궤계를 능히 대적하기 위하여 하나님의 전신갑주를 입으라."

에베소서 6:10~11

기도로 맺어진 우리의 끈

한 사람을 사랑하는 가장 좋은 방법은 그 사람을 위해서 기도하는 거예요. 기도는 '바라는 것' 이 '실상(實狀, reality)' 이 되는 놀라운 능력이에요! 서로를 위해 기도하며 하나님 나라의 비밀을 체험하는 시간이 되기를 소망합니다.

기도 대상자	기도 제목

"너는 기도할 때에 네 골방에 들어가 문을 닫고 은밀한 중에 계신 네 아버지께 기도하라 은밀한 중에 보시는 네 아버지께서 갚으시리라" (마태복음 6:6).

생활과제 보고서

제자의 생활훈련

1. 가정 예배를 이렇게 드렸어요.

- 예배 사회 :
- 찬 양:
- 대표 기도:
- 성경 본문 :
- 설교자 :
- 설교 내용 요약:

2. 우리 가족 기도 제목 나누기

이름	기도 제목

3. 생활의 제자훈련

날짜	섬김의 내용	부모님 확인
예) 월/일	예) 내 방 청소하기	○ △ ✕

✚ 말씀으로 맺어진 하나님의 은혜

주일설교 note

설교 날짜 :

설교 제목 :

본문 말씀 :

설교 내용 :

적용 질문

❶ 설교 말씀을 듣고 새롭게 깨달은 사실이 있다면 무엇일까요?

❷ 나는 이제 어떻게 살아야 할까요?

4과

영적 전투에서 승리하라

| 훈련 목적 |

1. 우리가 싸워야 할 대상은 세상이라는 사실을 깨닫게 합니다.
2. 마귀가 유혹하는 것을 살펴보고 어떻게 싸워 이길 수 있는지 지피지기(知彼知己)면 백전백승(百戰百勝) 할 수 있도록 돕습니다.
3. 영적 전투에서 승리하기 위해 영적인 전신갑주를 입게 합니다.
4. 삶 속에서 벌어지는 각종 영적 전투를 든든히 이길 수 있도록 돕습니다.

| 외울 말씀 |

1. "근신하라 깨어라 너희 대적 마귀가 우는 사자같이 두루 다니며 삼킬 자를 찾나니"(베드로전서 5:8).
2. "종말로 너희가 주 안에서와 그 힘의 능력으로 강건하여지고 마귀의 궤계를 능히 대적하기 위하여 하나님의 전신갑주를 입으라"(에베소서 6:10~11).

| 교사 준비물 |

1. 환영과 인사
2. 기도
3. 제자훈련 오리엔테이션(숙제, 기간, 훈련 요소 등)
4. 활동 퀘스트 준비물(A4 용지 or 색종이 등)

1—ICE BREAK

Tip **마귀는 늘 우는 사자처럼 웅크리며 으르렁댑니다.**
마귀가 공격하는 방법에 대해서 선생님의 체험담으로부터 이야기를 시작하세요. 마귀는 절대로 요란하게 다가오지 않습니다. 있는 듯 없는 듯 살며시 스며들어 우리의 영혼을 망가트립니다.

"앗! 이 사진은?!"

다음 사진을 보고 질문에 답해 보세요.

1. 위의 사진은 어떤 사진인가요?

   숫사자가 먹잇감을 찾아 뚫어지게 쳐다보고 있는 자세.

2. 베드로전서 5장 8절을 찾아 적어 보세요.

   베드로전서 5:8

   "근신하라 깨어라 너희 대적 마귀가 우는 사자 같이 두루 다니며 삼킬 자를 찾나니."

3. 위의 사진과 베드로전서 5장 8절은 무슨 관계가 있을까요? 이 사진을 보고 느낀 점을 적어 보세요.

....

....

> Tip
> **마귀의 직업은?**
> 마귀의 직업은 우리의 영적 생활을 훼방하며 어떻게 해서든 하나님과의 관계를 멀어지게 하는 것입니다. 직업적으로 프로답게 접근하는 것이 가장 무섭습니다. 마귀는 우리를 유혹하고 미혹하게 하는 데 있어 '프로' 입니다.

2 — 영적 전투에서 승리하라

1. 본문을 찾아 읽어 보세요.

요한복음 15장 18~19절을 함께 읽고 괄호를 채워 보세요.

(세상)이 너희를 미워하면 너희보다 먼저 나를 미워한 줄을 알라
너희가 (세상)에 속하였으면 (세상)이
자기의 것을 사랑할 것이나
너희는 (세상)에 속한 자가 아니요
도리어 내가 너희를 (세상)에서 택하였기 때문에
(세상)이 너희를 미워하느니라

2. 본문에서 세상은 무엇을 뜻할까요? 그리고 세상을 누가 지배할까요?
'세상'은 우리를 죄로 유혹하는 이 세태를 뜻합니다.

: 지금 우리가 사는 시대를 보면 세상을 지배하는 세력은 사탄–마귀의 세력인 듯 보입니다. 말세가 되면서 마귀들은 자신들이 무저갱에 들어가 멸망할 것을 알기 때문에 더 발악하고 있습니다. 이 세상을 살펴보십시오. 악(惡)은 더 악해지고 인간들의 타락은 더 극에 달하고 있습니다.

나는 세상과 친구인가요?
나는 세상에 얼마나 빠져 있나요?

3. 세상이 우리를 미워하는 이유는 무엇때문일까요?

참된 그리스도인들은 세상과 배치되는 삶을 살기 때문에 세상이 미워합니다.
: 이것은 참된 그리스도인인 경우에만 해당됩니다. 세상을 멀리하는 자들은 세상으로부터 영적으로 독립된 그리스도인뿐입니다. 하지만 대다수의 사람들은 세상과 벗하며, 세상에 빠져 살고 있습니다.

과연 세상은 나를 미워할까요? 너무 친한 친구처럼 좋아할까요?

Tip

현실 도피주의를 경계하십시오!
일부 경건한 사람들이 세상의 무서움을 알고 세상과 완전 단절되어 살아가고 있습니다. 하지만 건강한 그리스도인은 세상과 더불어 싸워서 건강하게 세상을 개혁시키고 세상을 정복해야 합니다.

4. 세상이 우리를 미워하는 것이 바로 '영적 전투' 예요. 최근에 나에게 있었던 영적 전투가 있었다면 발표해 보세요.

(예) 나는 설날 때 제사상에 절을 하지 않는다고 부모님께 맞은 적이 있어요.

영적 전투는 매우 사소한 것까지 포함됩니다.
: 세상만사는 그렇지 않은 것처럼 보여도 모두 '영적' 인 흐름 가운데 놓여 있습니다. 내가 바른 신앙생활을 하는 데 미묘하게 영향 미치는 것들과 영적 전투를 해야 합니다.

> **Tip**
>
> **일상 속에서의 치열한 영적 전투**
>
> 아주 사소한 부분들까지도 드러낼 수 있도록 인도하십시오. 심지어 마트에 가서 물건 사는 것을 포함해 만나는 사람들, 말하는 것들, 행동하는 것들의 사소한 부분까지도 모두 영적 전투에 해당됩니다.
>
> 아주 사소한 일들이 신앙생활과 어떤 연관이 있습니까?
> 긍정적인 영향입니까? 부정적인 영향입니까?

5. 나는 지금까지 살아오면서 세상과의 싸움에서 전적이 어떻게 될까요?
왜 이런 결과가 나왔을까요?

승 : 패

3_마귀의 유혹

1. 고린도후서 11장 14절과 요한계시록 20장 10절을 찾아서 적어 보세요.

✣고린도후서 11:14
"이것은 이상한 일이 아니니라 사탄도 자기를 광명의 천사로 가장하나니."

✣요한계시록 20:10
"또 그들을 미혹하는 마귀가 불과 유황 못에 던져지니 거기는 그 짐승과 거짓 선지자도 있어 세세토록 밤낮 괴로움을 받으리라."

2. 고린도후서 11장 14절에서 말하는 마귀의 특징은 무엇인가요? 이러한 마귀를 경험한 적이 있나요? 있다면 이야기해 보세요.

자기를 광명의 천사로 가장합니다. 마귀는 절대로 뿔이 여러 개 달린 흉측한 모습으로 접근하지 않습니다. 내가 가장 약한 부분, 내가 가장 좋아하는 부분, 내가 가장 유혹받기 쉬운 부분으로 접근합니다. 영적인 눈을 크게 떠야 합니다. 분별의 영이 있어야 합니다. 진짜 천사인지 아니면 마귀가 가장한 천사인지에 영적인 분별이 없으면 미혹되기 쉽습니다. 영적 전투는 매우 치열합니다!

3. 마귀는 뿔이 여러 개 달린 흉측한 괴물과 같은 모습이 아니에요. 예쁜 천사의 모습으로 가장해 우리에게 사탕을 주며 유혹합니다. 최근에 사탄의 유혹에 넘어간 적이 있나요?

사단의 유혹에 넘어감 = 죄 지음

사단의 유혹에 넘어간 것은 곧 죄 지은 것이기 때문에 '죄의 문제'를 지혜롭게 잘 나누어야 합니다. 교사가 먼저 솔직하게 마음을 열면서 분위기를 만들어도 좋습니다.

4. 그러나 우리는 사탄을 두려워할 필요가 없어요! 요한계시록 20장 10절에는 마귀가 결국에는 어떻게 된다고 말하고 있나요?

결국 사탄-마귀는 무저갱에 빠져 멸망할 것입니다.

> **Tip**
> **무저갱(無底坑)** : Abyss
> 마귀의 마지막 주거지인 음부를 가리키는 말(로마서 10:7 참조). 또는 특히 악령, 사탄의 거처를 가리켜 인용되어 있습니다(누가복음 8:31; 요한계시록 9:1~2, 11, 11:7, 17:8, 20:1, 3).

5. 우리는 영적 전투에 임할 때마다 언제나 이길 수 있다는 확신과 패기를 가져야 해요. 왜냐하면 고린도전서 15장 57절의 말씀이 있기 때문이에요. 이 말씀을 적어 보세요.

고린도전서 15:57

"우리 주 예수 그리스도로 말미암아 우리에게 승리를 주시는 하나님께 감사하노니."

6. 고린도전서 15장 57절을 적으면서 어떤 느낌이 들었나요?

결국에는 승리합니다! 영적 전투의 최종 승리자는 이미 예고되어 있습니다. 예수 그리스도께서 십자가에서 부활하심으로써 사망의 권세를 이미 정복하시고 이기셨습니다. 오직 예수 그리스도만 의지하여 영적 전투를 한다면 "이미 이긴 전투"를 하는 것과 같습니다. 그러므로 영적 전투는 두려워할 필요가 없습니다. 사탄도 이미 이 사실을 알고 있습니다.

4 — 영적 무장

1. 에베소서 6장 10~18절을 가지고 영적 무장에 대해 살펴보세요.
   다음의 괄호들을 채워 보세요.

투구-(　　　　　　)
사탄은 우리가 그리스도의 십자가 희생과 구원에 대해서 의심하길 바란다. 하지만 구원의 헬멧은 우리를 보호해 준다.

검-(　　　　　　)
검은 전신갑주 중에서 유일한 공격무기이다. 그러므로 유혹자 사탄에게 치명상을 입힐 수 있는 우리의 무기는 "하나님의 말씀"이다.

흉배-(　　　　　　)
그리스도로 말미암아 우리가 하나님께 의롭다 인정함을 받은 것, 곧 "칭의"는 우리 몸을 위한 갑옷과 같다. 사탄의 날카로운 정죄의 칼날을 막아 준다.

허리띠-(　　　　　　)
사탄의 가장 강력한 무기는 거짓말이다. 우리는 진리로 맞서 싸워야 한다.

방패-(　　　　　　)
믿음은 사탄의 핍박과 유혹의 화살로부터 우리를 안전하게 보호해 준다.

신발-(　　　　　　)
사탄은 우리의 복음 전도를 좌절시키려 한다. 그러나 하나님은 우리가 평안 안에서 일하도록 도와주신다.

2. 우리가 전신갑주를 입어야 하는 이유를 두 가지 적어보세요. : 10-11절

1 ★ 주의 능력으로 강건해지기 위해.

2 ★ 마귀의 간계를 능히 대적하기 위해.

3. 나는 지금 완전무장을 하고 있나요, 아니면 허술한 무장을 하고 있나요? 지금 현재 나에게 가장 필요한 무장 도구는 무엇일까요?

Tip

전신갑주

영적인 전신갑주를 모두 다 외우도록 하십시오. 외운 것만으로도 능력이 나타날 수 있도록 기도하십시오.

5 활동 퀘스트

A4 용지 한 장으로 무기 만들기

A4 용지 한 장으로 영적인 무기를 만들어 보세요. 칼도 좋고, 방패도 좋고, 투구도 좋아요! 다 만든 후 자신이 만든 무기의 의미를 친구에게 설명해 주세요.

1. 내가 만든 무기는?

2. 이것을 만든 이유는?

3. 이것의 쓰임새는?

다음 주에 외울 암송구절

"또한 너는 청년의 정욕을 피하고 주를 깨끗한 마음으로 부르는 자들과 함께 의와 믿음과 사랑과 화평을 따르라."

디모데후서 2:22

"너희는 이 세대를 본받지 말고 오직 마음을 새롭게 함으로 변화를 받아 하나님의 선하시고 기뻐하시고 온전하신 뜻이 무엇인지 분별하도록 하라."

로마서 12:2

기도로 맺어진 우리들의 끈

한 사람을 사랑하는 가장 좋은 방법은 그 사람을 위해서 기도하는 거예요. 기도는 '바라는 것' 이 '실상(實狀, reality)' 이 되는 놀라운 능력이에요! 서로를 위해 기도하며 하나님 나라의 비밀을 체험하는 시간이 되기를 소망합니다.

기도 대상자	기도 제목

"너는 기도할 때에 네 골방에 들어가 문을 닫고 은밀한 중에 계신 네 아버지께 기도하라 은밀한 중에 보시는 네 아버지께서 갚으시리라"
(마태복음 6:6).

생활 과제 보고서

제자의 생활훈련

1. 가정 예배를 이렇게 드렸어요.

- 예배 사회 :
- 대표 기도 :
- 설 교 자 :
- 설교 내용 요약 :
- 찬　양 :
- 성경 본문 :

2. 우리 가족 기도 제목 나누기

이름	기도 제목

3. 생활의 제자훈련

날짜	섬김의 내용	부모님 확인
예) 월/일	예) 내 방 청소하기	○ △ ✕

말씀으로 맺어진 하나님의 은혜

주일설교 note

설교 날짜 :

설교 제목 :

본문 말씀 :

설교 내용 :

적용 질문

❶ 설교 말씀을 듣고 새롭게 깨달은 사실이 있다면 무엇일까요?

---

❷ 나는 이제 어떻게 살아야 할까요?

5과

문화를 정복하라

| 훈련 목적 |

1. 기독교와 문화의 관계를 살펴보게 하십시오.
2. 하나님께서 허락하신 문화 명령을 어떻게 준행하고 지켜야 하는지 살펴봅니다.
3. 각종 문화 매체들을 대할 때 분별할 수 있는 '분별의 영' 을 소유하도록 돕습니다.
4. 문화금식을 통해 하나님께 더 가까이 갈 수 있는 방안을 제시합니다.

| 외울 말씀 |

1. "또한 너는 청년의 정욕을 피하고 주를 깨끗한 마음으로 부르는 자들과 함께 의와 믿음과 사랑과 화평을 따르라"(디모데후서 2:22).
2. "너희는 이 세대를 본받지 말고 오직 마음을 새롭게 함으로 변화를 받아 하나님의 선하시고 기뻐하시고 온전하신 뜻이 무엇인지 분별하도록 하라"(로마서 12:2).

| 교사 준비물 |

1. 환영과 인사
2. 기도
3. 제자훈련 오리엔테이션(숙제, 기간, 훈련 요소 등)
4. 활동 퀘스트 준비물(문화금식 압류 딱지를 만들어도 좋다.)

1—ICE BREAK

Tip

아이들과 공감대를 형성하십시오!

5과 '문화를 정복하라'는 아이들의 눈높이에 맞추어 공감대를 형성해야 합니다. 아이들이 많이 사용하는 인터넷 메신저라든지 휴대전화의 특징들을 미리 숙지하고 들어가면 도움이 됩니다. 문화를 바라보는 성경적인 입장은 그 문화를 거부하는 것이 아니라 그 문화를 선용(善用)하여 그 문화를 개혁시키고 정복하는 데 있습니다.

"내가 가장 많이 사용하는 문화 매체는?"

많은 문화 매체들이 있어요! 과연 내가 가장 많이 사용하는 문화 매체는 무엇일까요? 순위를 매겨 보세요!

문화 매체	순위
TV	
인터넷(메신저 등)	
라디오	
신문	
휴대폰	

1. 가장 많이 사용하는 문화 매체는 무엇인가요?

2. 그것들을 사용할 때 신앙생활 하는 데 힘든 점들이 있나요?

2 문화 사랑 vs 문화 거부

1. 다음 글을 읽고 물음에 답해 보세요.

●●● 종교분파 중의 하나인 퀘이커 교도들은 문화사용을 거부한다. 전통적인 퀘이커 교도들은 한 마을에 전부 모여 사는데, 그 마을에는 전기 사용을 금하기 때문에 아직도 호롱불로 어둠을 밝히고 있다. 전기 사용을 거부하기 때문에 현대의 문화매체인 TV, 컴퓨터, 라디오, 휴대폰 등도 그들에게는 필요 없다. 자동차 사용도 거부하기 때문에 아직도 마차를 타고 다닌다.

●●● 일부 교회에서는 하나님의 말씀인 성경보다는 지나친 문화 사용을 더 즐겨한다. 예수님을 믿지 않는 사람들에게 교회를 알기 쉽고 편하게 생각하게끔 만들어 주기 위해 교회 안에서 대중가요와 대중문화, 인터넷 문화를 적용하는 것이다. 예수님을 믿지 않는 사람들을 전도하기 위해서 비성경적인 것들까지 사용하는 경우가 있다.

Tip

문화 사랑 vs 문화 거부

반 아이들의 생각을 서로 나누게 하십시오. 기독교와 문화의 관계를 평소 생각하던 대로 편하게 나누세요.

2. '기독교'와 '문화'의 관계를 어떻게 생각하나요? 자신의 의견을 표현해 보세요.

기독교와 문화의 관계	나의 의견
대립적이다. 서로 반대된다.	
기독교와 문화는 친한 친구이므로 규제 없이 사용해도 된다.	
기독교와 문화는 예수 그리스도 안에서 개혁되고 변혁되어 하나님의 뜻에 맞추어 올바르게 사용해야 한다.	

3. 교회 안에서 사용되는 문화의 요소들은 어떤 것들이 있는지 이야기해 보세요.

예배의 처음부터 마지막까지 문화의 요소들을 살펴보세요.

찬양(악기 사용, 마이크 사용) – 설교(설교 주제 그림, 사진, 영상 사용) 등.

4. 교회가 문화를 사용할 때는 어떤 자세를 가져야 할까요?

❶ 빌립보서 1장 10절을 적어 보세요.

"너희로 지극히 선한 것을 분별하며 또 진실하여 허물 없이 그리스도의 날까지 이르고."

❷ 빌립보서 1장 10절에 비추어 교회에서의 문화 사용에 대해 의견을 말해 보세요.

예수 그리스도로 말미암아 의의 열매가 가득하여 하나님의 영광과 찬송이 되는 것(11절)입니다. 바울은 빌립보 사람들에게 지극히 선한 것을 분별할 수 있는 능력을 가지라고 권면합니다. 교회에서의 문화 사용도 반드시 선한 것을 분별하여 사용해야 합니다.

Tip

교회에서의 세속화를 경계하십시오!

교회 찬양 속에서의 세속화를 경계해야 합니다.

: 뉴 에이지(New Age) 음악을 교회 찬양에 도입하는 것은 위험합니다. 찬양은 본질적으로 하나님께 경배드리는 것입니다. 그러므로 찬양의 본질을 어떤 악기를 사용하고, 어떻게 편곡하고, 어떤 분위기로 찬양할 것인지로 몰아가면 안 됩니다. 찬양의 주객전도는 매우 위험합니다.

교회 영상 사용함의 세속화를 경계해야 합니다.

: 정제되지 않은 무분별한 영상 사용은 지양해야 합니다. 교회 교육의 마인드를 세우고 계획성 있게 준비한 편집 영상은 예배에 도움이 되겠지만 본질이 흐트러지는 영상은 자제해야 합니다.

3 문화 명령

1. 창세기 1장 26~28절을 읽고 괄호를 채워 보세요.

❶ 1장 26절

"하나님이 이르시대 (우리의 형상)을 따라 우리의 모양대로 우리가 사람을 만들고…"

❷ 1장 27절

"하나님이 자기 (형상) 곧 하나님의 (형상) 대로 사람을 (창조)하시되…"

❸ 1장 28절

"하나님이 그들에게 복을 주시며 하나님이 그들에게 이르시되 생육하고 번성하여 땅에 (충만)하라, 땅을 (정복) 하라, 바다의 고기와 공중의 새와 땅에 움직이는 모든 생물을 (다스리라)…"

2. 우리는 하나님의 형상대로 지음 받은 창조물이에요! 하나님의 형상대로 지음 받은 우리는 창세기 1장 28절의 말씀과 같이 이 세상을 다스리고 정복해야 해요. 이것은 무슨 뜻일까요?

하나님의 형상 가운데 지(知), 정(情), 의(意)의 속성이 있습니다. 이러한 지, 정, 의는 하나님의 성품과도 연관이 있으며, 하나님께서는 인간에게도 이 지, 정, 의를 허락하셨습니다. 완전하게 지, 정, 의를 소유한 사람은 최초의 타락 전 아담이며, 아담은 피조물들의 이름을 지어주는 놀라운 지혜를 발휘합니다. 이 세상을 다스린다는 말은 문화 명령으로 이 세상의 모든 피조 세계와 문화까지도 정복하고 다스리고 통치해야 한다는 왕으로서의 임명을 의미합니다.

3. 로마서 12장 2절을 읽고 적어 보세요.

로마서 12:2

"너희는 이 세대를 본받지 말고 오직 마음을 새롭게 함으로 변화를 받아 하나님의 선하시고 기뻐하시고 온전하신 뜻이 무엇인지 분별하도록 하라."

4. 로마서 12장 2절에서 '이 세대'는 무엇을 뜻할까요? 그리고 이 세대의 특징은 무엇일까요?

이 세대는 인간에게 죄가 침입한 상태로 타락한 상태를 뜻합니다.

이 세대의 특징은 무엇인가요?

: 전적 타락, 전적 무능력, 점점 더 악해져감 등.

5. 이 세대 가운데는 수많은 '문화'들이 있어요. 우리는 매일매일 이 문화들에 노출되어 살아가고 있어요. 어떻게 이러한 문화들을 분별할 수 있을까요?

오늘 아침 일어나서 지금까지 내가 접촉한 문화가 있다면 나누어 보세요.

: 휴대전화의 모닝콜 알람 소리, 아침 식사, 화장실 세면, 버스로 등교, 대중교통 이용, 이동 시 MP3 듣기 등.

내가 접촉한 문화들이 하나님이 기뻐하시는 도구가 되었나요?

문화 매체들이 올바로 선용(善用)되는 것과 악용(惡用)되는 사례를 나누어 보세요.

그리스도인은 문화를 어떻게 사용해야 할까요?

4 문화를 정복하라

1. 문화의 코드들에 정복당했을 때와 정복했을 때의 상황을 적어 보세요.

문화 코드	정복당했을 때	정복했을 때
성(性)		
인터넷의 파도		
TV의 습관화		
휴대폰의 중독		

2. 혹시 다양한 문화 코드들에 정복당했던 기억이 있다면 이야기해 보세요.
   아이들이 일상생활에서 일어나는 깊숙한 이야기를 나눌 수 있도록 사례를 나누세요.

3. 고린도전서 2장 13절을 읽고 괄호에 알맞은 답을 써넣으세요.

   사람의 지혜가 가르친 말로 아니하고 오직 성령께서 가르치신 것으로 하니
   (영적인) 일은 (영적인) 것으로 (분별)하느니라

4. 앞으로 어떻게 문화를 영적으로 분별할 것인지에 대한 각오를 친구들과 함께 이야

기해 보세요.

시급하게 돌아가는 문화 타락의 현장 속에서 영적으로 올바르게 문화를 분별하려면 늘 '깨어 경성하는 것'과 '영적인 분별력의 영'을 충만하게 채우는 것밖에 없습니다. 또한 늘 민감하게 성령의 인도하심을 느낀다면 아무리 타락한 문화라도 올바르게 분별할 수 있습니다.

5 활동 퀘스트

Tip 교사가 미리 문화 매체 압류 스티커를 만들어 나누어 주십시오(포스트 잇 사용). 만약 TV를 금식한다면 TV에 금식 스티커를 붙여도 좋고, 컴퓨터를 금식한다면 컴퓨터 모니터에 스티커를 붙여 놓고 금식해도 좋습니다. 하루 정도는 문화 금식을 해서 그 시간에 하나님과의 관계 증진을 위해 노력하게 하십시오.

문화 금식

우리는 매일 매일 밥을 먹지 않고는 살 수 없어요. 그리고 매일매일 문화와 접촉하지 않으면 살 수 없을 것만 같아요. 하지만 이번 일주일 동안 단 하루만이라도 문화 금식을 작정했으면 좋겠어요! 하루 동안 TV 안 보기, 인터넷 안 하기, 메신저 안 하기 등 금식을 하고, 그 남는 시간에 하나님께 기도하는 시간을 가져 보세요!

문화 금식 서약서

나 ______________ 는(은) 이번 일주일 동안에 하루라도 하나님 앞에서 정직하게 '문화 금식'을 하겠습니다. 문화 금식을 하는 시간에는 하나님께 기도하겠습니다. 성령님께서 유혹에 빠지지 않도록 지켜 주실 줄 믿습니다!

문화 금식 대상 ______________________

20　　년　　월　　일

이 름 ______________ (서명)

다음 주에 외울 암송구절

"지극히 작은 것에 충성된 자는 큰 것에도 충성되고 지극히 작은 것에 불의한 자는 큰 것에도 불의하니라."

누가복음 16:10

"여호와를 경외하는 것이 지식의 근본이거늘 미련한 자는 지혜와 훈계를 멸시하느니라."

잠언 1:7

기도로 맺어진 우리들의 끈

한 사람을 사랑하는 가장 좋은 방법은 그 사람을 위해서 기도하는 거예요. 기도는 '바라는 것' 이 '실상(實狀, reality)' 이 되는 놀라운 능력이에요! 서로를 위해 기도하며 하나님 나라의 비밀을 체험하는 시간이 되기를 소망합니다.

기도 대상자	기도 제목

"너는 기도할 때에 네 골방에 들어가 문을 닫고 은밀한 중에 계신 네 아버지께 기도하라 은밀한 중에 보시는 네 아버지께서 갚으시리라" (마태복음 6:6).

생활과제보고서

제자의 생활훈련

1. 가정 예배를 이렇게 드렸어요.

- 예배 사회:
- 대표 기도:
- 설 교 자:
- 설교 내용 요약:
- 찬 양:
- 성경 본문:

2. 우리 가족 기도 제목 나누기

이름	기도 제목

3. 생활의 제자훈련

날짜	섬김의 내용	부모님 확인
예) 월/일	예) 내 방 청소하기	○ △ ✕

✚ 말씀으로 맺어진 하나님의 은혜

주일설교 note

설교 날짜 :

설교 제목 :

본문 말씀 :

설교 내용 :

적용 질문

❶ 설교 말씀을 듣고 새롭게 깨달은 사실이 있다면 무엇일까요?

❷ 나는 이제 어떻게 살아야 할까요?

6과

공부,
짐인가? 기쁨인가?

| 훈련 목적 |

1. 잘못된 공부의 목적이 무엇인지 알아보고, 성경적인 공부의 목적이 무엇인지 깨닫게 하십시오.
2. 모든 일을 하나님의 영광을 위해서 하라는 말씀처럼 공부도 하나님의 영광을 위해 하는 것임을 깨닫게 합니다.
3. 자신의 목표를 달성해 선한 영향력을 끼치는 사람이 되어 예수 그리스도의 향기를 만방에 떨치는 사람이 되게 하십시오.
4. 공부에 찌들어 있는 아이들에게 공부는 짐이 아니라, 기쁨이 될 수 있다고 격려하십시오.

| 외울 말씀 |

1. "지극히 작은 것에 충성된 자는 큰 것에도 충성되고 지극히 작은 것에 불의한 자는 큰 것에도 불의하니라"(누가복음 16:10).
2. "여호와를 경외하는 것이 지식의 근본이거늘 미련한 자는 지혜와 훈계를 멸시하느니라"(잠언 1:7).

| 교사 준비물 |

1. 환영과 인사
2. 기도
3. 제자훈련 오리엔테이션(숙제, 기간, 훈련 요소 등)

1—ICE BREAK

* 다음 자료들이 무엇을 의미하는지 생각해 보세요.

〈자료 1〉

〈자료 2〉

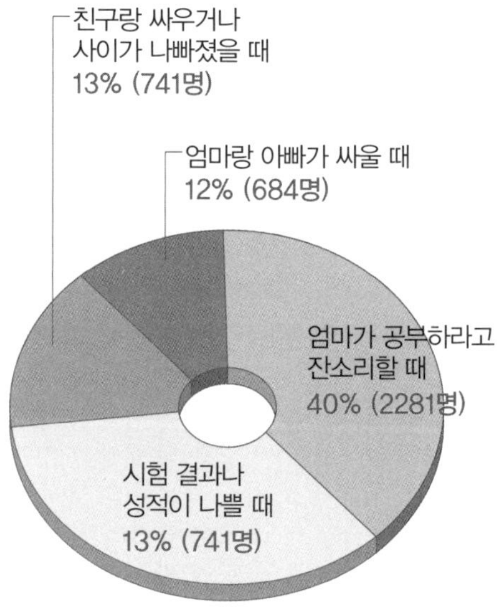

스트레스를 가장 많이 받을 때는?

1. 왜 위의 자료들과 같은 상황이 우리 사회에서 일어날까요?

....

2. 지금 나의 가장 큰 고민은 무엇인가요?

....

Tip 수학능력시험 이후 1달 여 동안에는 좋지 않은 소식들이 뉴스 지면을 차지합니다. 시험 성적이 자신의 기대에 미치지 못한다고 스스로 목숨을 끊는 안타까운 사연이 우리의 마음을 아프게 합니다. 왜 이런 상황이 발생하는지에 대해 나누고 본론에서는 무엇이 공부의 목적이 되어야 하는지 나눠 주세요.

2—공부의 최종 목표 -1

1. 아래 그래프와 글을 읽고 무슨 생각이 드는지 이야기해 보세요.

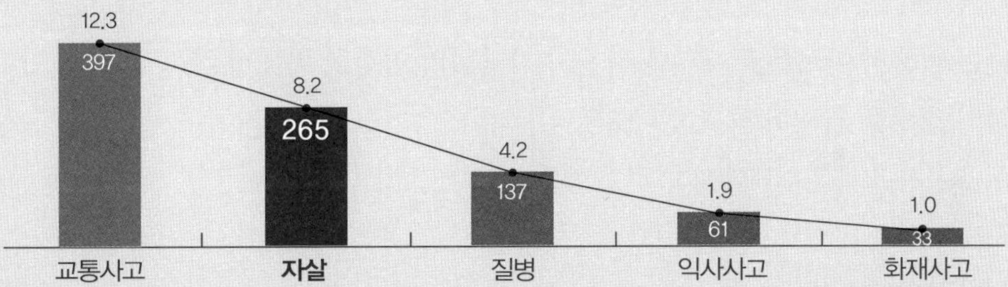

〈10대 사망 원인 분석〉

종합상담센터 경기도지부 유재상 씨는 "청소년 자살 상담건수는 적지만 직·간접적인 자살 동기가 될 수 있는 학업 성적, 진로 등으로 인한 스트레스를 이유로 한 상담은 전체의 70%를 차지하고 있다"며 "자신이 가야 할 길을 잃고 방황하거나 학업 부진에 의한 스트레스로 상담을 요청하는 청소년이 많다"고 전했다.

2. 학업 문제나 성적 부진 때문에 자살을 선택하는 학생에게 '공부의 최종 목표'는 무엇일까요?

그들에게 공부의 최종 목표는 1등이며, 상위권 진입입니다.

: 사실 공부의 짐은 스스로가 지는 것이 아니라 주변의 눈초리 때문인 경우가 많습니다. 특히 부모님의 지나친 기대가 죽음으로 몰고 가기도 합니다.

우리 집에서는 공부에 대한 스트레스를 얼마나 주고 있나요?

그 스트레스가 견딜만 한가요? 참을 수 없을 만큼 심각한가요?

3. 고린도전서 10장 31절을 읽고 적어 보세요. 그리고 이 성경 구절에서 가장 중요하다고 생각하는 단어에 밑줄을 그어 보세요.

고린도전서 10:31

"그런즉 너희가 먹든지 마시든지 무엇을 하든지 다 하나님의 영광을 위하여 하라."

4. 나는 먹든지 마시든지 무엇을 하든지 하나님의 영광을 위해서 하고 있나요, 아니면 나의 영광을 위해서 하고 있나요?

이 질문은 직업을 선택할 때도 큰 영향을 줍니다.

꿈이 무엇인가요?

어떠한 직업을 가지고 싶나요?

그 직업을 통해 어떻게 하나님께 영광 돌릴 수 있을까요?

5. 과연 공부의 최종 목표는 무엇이라고 생각하나요?

공부의 최종 목표는 1등도 아니며, 상위권 랭크도 아니며, 일류 대학에 진학하는 것도 아닙니다. 그것들이 최종 목표가 되면 그것을 얻지 못할 경우 목표 의식이 사라져 살아갈 이유를 잃게 됩니다. 공부의 최종 목표는 하나님이 나에게 주신 달란트를 잘 선용하여 하나님과 이웃에게 기쁨이 되는 것에 있어야 합니다.

3—공부의 최종 목표 -2

1. 다음 설명을 읽고 세 글자로 된 낱말을 맞추어 보세요.

"어떤 사물이나 효과나 작용이 다른 것에 미치는 힘"

영 향 력

〈힌트〉

우리 반 반장은 공부도 잘하고, 운동도 잘하고, 외모도 너무 잘생겼다. 그리고 남을 잘 배려하고, 늘 솔선수범한다. 그래서 우리 반 모두는 반장의 말을 잘 따른다. 우리 반 반장은 우리 반 모두에게 영향력이 있다.

2. 고린도후서 2장 14~16절을 함께 읽어 보세요. 이 본문에서 핵심 단어(key-word)는 무엇일까요?

고린도후서 2:14~16

"항상 우리를 그리스도 안에서 이기게 하시고 우리로 말미암아 각처에서 그리스도를 아는 냄새를 나타내시는 하나님께 감사하노라 우리는 구원 받는 자들에게나 망하는 자들에게나 하나님 앞에서 그리스도의 향기니 이 사람에게는 사망으로부터 사망에 이르는 냄새요 저 사람에게는 생명으로부터 생명에 이르는 냄새라 누가 이 일을 감당하리요."

그리스도의 향기

3. 여기서 말하는 '그리스도의 향기' 는 무엇을 뜻하는 것일까요? 그리고 그리스도의 향기를 풍긴다는 뜻은 무엇일까요?

그리스도의 향기는 구원받은 자로서의 기쁨을 남들에게 전파하는 매개체입니다. 그러므로 예수 믿는 자들은 다른 사람에게 '복된 영향력'을 끼쳐야 합니다. 늘 그리스도의 향기를 풍겨서 다른 사람을 먼저 배려하고 먼저 사랑하며 남을 아낄 줄 아는 자비와 긍휼이 늘 흘러 넘쳐야 합니다.

4. 크리스천에게 있어서 공부의 최종 목표는 전교 1등을 해서, 일류 대학에 진학하고 좋은 직장을 얻어 부자가 되는 것이 아니라, '영향력' 을 발휘하는 사람이 되는 것이에요! 나는 어떻게 주변 사람들에게 그리스도의 향기를 전할 수 있을까요?

....

Tip

"100명의 영향력 없는 사람보다 1명의 영향력 있는 사람이 세계를 바꿉니다." "기도하지 않는 100개 민족보다 기도하는 한 사람이 더 소중합니다"라는 말이 있습니다.
예수님의 제자로서 영향력을 주변에 끼치게 되면(예수 그리스도의 향기를 풍기게 되면) 이 세상이 하나님이 원하시는 방향대로 변화될 것입니다.

5. 상상해 보세요!

❶ 나중에 어떤 사람으로 살다가 죽기를 바라나요?

....

....

....

....

....

....

....

❷ 나의 장례식장에서 많은 사람들이 나의 죽음에 대해서 무엇이라고 말할까 상상 해 보세요.

....

....

....

....

Tip

"장례식장에서 그 죽은 사람의 인격을 볼 수 있다."

사람이 살아 있을 때는 그 사람의 인격을 모릅니다. 그 사람에게 잘 보이려고 아부하는 사람이 있을 수도 있고 주변 사람들이 그의 인격을 멋지게 포장해 버리기도 하기 때문입니다. 하지만, 그가 죽어서 아무런 힘이 없을 때 비로소 사람들은 사심 없이 그를 대하게 됩니다.

4—지혜를 구하라

1. 공부가 짐이 되지 않고 기쁨이 되려면, 하나님이 주시는 지혜로 공부를 해야 해요! 잠언 1장 7절을 읽고 적어 보세요.

   "여호와를 경외하는 것이 지식의 근본이거늘 미련한 자는 지혜와 훈계를 멸시하느니라."

2. 모든 지혜와 모든 지식의 근본은 '여호와를 경외하는 것' 이에요! 지금 내가 공부 하는 학생이라면 가장 먼저 해야 할 것이 무엇인지 생각해 보세요.

   지혜와 지식의 근본은 여호와 하나님입니다.

   : 당장 눈앞에 보이는 것에 눈이 멀어 여호와를 멀리하고 닥친 일을 하기에 급급한 것은 '영적인 투자'를 게을리 하는 것입니다.

3. 잠언 2장 6절을 읽고 적어 보세요.

"대저 여호와는 지혜를 주시며 지식과 명철을 그 입에서 내심이며."

4. 공부를 잘하게 할 수 있는 지식과 지혜의 원천은 누구에게 있나요? 누구에게 지식과 지혜를 구해야 할까요?

공부하기 전 하나님의 지혜를 구하십시오.

> **Tip**
>
> **분명한 목적과 목표를 정하고 기도하십시오.**
> 하나님이 원하시는 분명한 목적과 목표를 정하고, 공부할 때마다 하나님께 기도하며 매달리는 것을 생활화할 수 있도록 권면하십시오.

5 활동 퀘스트

미션 : 공부하기 전 기도하기

우리는 "여호와를 경외하는 것이 지식의 근본이다"라고 배웠어요. 학교에서 시험을 볼 때나 수업시간에 공부할 때, 혹은 학원에서 수업을 받을 때 가장 먼저 '기도'로 시작하는 습관이 매우 중요해요. 이번 일주일 동안에는 공부를 시작하기 전에 꼭 먼저 '기도'를 하겠다는 다짐을 하도록 해요!

다짐 서약서

나는 (   ) 할 때

(   ) 할 때

(   ) 할 때

(   ) 할 때

(   ) 할 때

꼭 기도로 시작하겠습니다!

다음 주에 외울 암송구절

"자녀들아 주 안에서 너희 부모에게 순종하라 이것이 옳으니라 네 아버지와 어머니를 공경하라 이것이 약속이 있는 첫 계명이니 이로써 네가 잘되고 땅에서 장수하리라."

에베소서 6:1~3

"오늘 내가 네게 명하는 이 말씀을 너는 마음에 새기고 네 자녀에게 부지런히 가르치며 집에 앉았을 때에든지 길을 갈 때에든지 누워 있을 때에든지 일어날 때에든지 이 말씀을 강론할 것이며."

신명기 6:6~7

기도로 맺어진 우리들의 끈

한 사람을 사랑하는 가장 좋은 방법은 그 사람을
위해서 기도하는 거예요. 기도는
'바라는 것' 이 '실상(實狀, reality)' 이
되는 놀라운 능력이에요!
서로를 위해 기도하며
하나님 나라의 비밀을
체험하는 시간이
되기를 소망합니다.

기도 대상자	기도 제목

"너는 기도할 때에 네 골방에
들어가 문을 닫고 은밀한 중에
계신 네 아버지께 기도하라
은밀한 중에 보시는
네 아버지께서 갚으시리라"
(마태복음 6:6).

생활과제보고서

제자의 생활훈련

1. 가정 예배를 이렇게 드렸어요.

- 예배 사회:
- 대표 기도:
- 설교자:
- 설교 내용 요약:
- 찬 양:
- 성경 본문:

2. 우리 가족 기도 제목 나누기

이름	기도 제목

3. 생활의 제자훈련

날짜	섬김의 내용	부모님 확인
예) 월/일	예) 내 방 청소하기	○ △ ×

✚ 말씀으로 맺어진 하나님의 은혜

주일설교 note

설교 날짜 :

설교 제목 :

본문 말씀 :

설교 내용 :

적용 질문

❶ 설교 말씀을 듣고 새롭게 깨달은 사실이 있다면 무엇일까요?

❷ 나는 이제 어떻게 살아야 할까요?

7과

아름다운 가정

| 훈련 목적 |

1. 부모님을 사랑하고 공경해야 하는 성경적인 시각을 갖게 합니다.
2. 믿음의 유기체가 가정임을 깨닫고 서로 서로 지체임을 확인합니다.
3. 가정이 사는 유일한 방법은 서로 사랑하는 것뿐임을 알려 줍니다.
4. 지금까지 가족을 사랑하지 않았다면 용서를 구하고, 서로 사랑할 수 있는 마음을 달라고 하나님께 간구합니다.

| 외울 말씀 |

1. "자녀들아 너희 부모를 주 안에서 순종하라 이것이 옳으니라 네 아버지와 어머니를 공경하라 이것이 약속 있는 첫 계명이니 이는 네가 잘되고 땅에서 장수하리라"(에베소서 6:1~3).
2. "오늘날 내가 네게 명하는 이 말씀을 너는 마음에 새기고 네 자녀에게 부지런히 가르치며 집에 앉았을 때에든지 길에 행할 때에든지 누웠을 때에든지 일어날 때에든지 이 말씀을 강론할 것이며"(신명기 6:6~7).

| 교사 준비물 |

1. 환영과 인사
2. 기도
3. 제자훈련 오리엔테이션(숙제, 기간, 훈련 요소 등)

1—ICE BREAK

Tip **집 안의 가장(家長)이 된다고 상상해 보십시오.**
아이들 입장에서 아이들이 집안의 가장이 된다면 어떻게 가정을 꾸려갈 것인지 나누어 보게 합니다. 현재 자신의 가정에서 나타나는 여러 문제점을 보완하는 새로운 가정이 탄생할 것입니다. 혹시 문제가 있는 가정에 속한 아이들이 있는지 살피고 혹시라도 마음에 상처 입지 않도록 조심하세요.

"가훈 만들기"

나중에 커서 아빠가 되고 엄마가 된다면 우리 집 가훈을 무엇으로 정하면 좋을까요? 곰곰이 생각하고 적어 보세요.

우리집 가훈

1. 왜 이런 가훈을 적었나요?

2. 나중에 커서 가정을 만들게 되면, 어떤 가정을 만들고 싶나요?

2—아름다운 가정

1. 다음 글을 읽어 보세요.

●●● 자식과 부모 사이에 벌어지는 범죄를 '인륜을 저버린 범죄'라고 한다. 특히 요즘 뉴스에는 가족 간에 끔찍한 범죄를 일으키는 사건이 많이 나온다. 시대는 날이 갈수록 더 사악해지고 사람들의 모습은 더욱더 악해져만 간다. 또한 가족의 해체와 파괴는 날이 갈수록 심해지고 있으며, 가정이라는 사랑의 울타리는 서로를 향해 으르렁대는 싸움장으로 변해 버렸다.

2. 요즘 가족의 모습들이 이렇게 황폐화되어 버린 이유는 무엇일까요?

컴퓨터의 발달로 개개인이 서로 상관하지 않는 지나치게 독립적인 존재가 되어 버렸습니다.

아파트 문화의 발달로 '마을 공동체'에서 '독립 객체'로 분화되었습니다.

죄 지은 인간이 타락함으로써 그 심리가 지나치게 공격적으로 변했습니다.

대가족 사회가 핵가족 사회로, 핵가족 사회가 파편 가족으로 변했습니다.

3. 에베소서 6장 1~4절 말씀을 찾아서 읽고 물음에 답해 보세요.

❶ 본문에 나오는 '자녀의 의무'는 무엇인가요?

"자녀들아 주 안에서 너희 부모에게 순종하라 이것이 옳으니라."

❷ 나는 부모님을 공경하고 있나요? 정직하게 말해 보세요.

왜 부모님께 감사해야 하는지 교사의 경험담을 나누세요.

4. 부모님께 감사할 수밖에 없는 이유 다섯 가지를 적어 보세요.

아이들이 자유롭게 의견을 개진할 수 있도록 도와주세요. 정답은 없습니다.

5. 우리 부모님께 가장 바라는 점 세 가지를 적어 보세요.

아이들이 부모님께 어떤 불만이 있는지 간접적으로 느낄 수 있습니다. 특히 이런 자료들은 아이들과 개별 상담 시 요긴하게 사용될 수 있습니다. 아이들의 영혼을 위해 기도할 때도 훌륭한 기도 제목이 됩니다.

Tip

대가족 사회의 끈끈한 정

아이들은 핵가족 시대에 태어나 가족해체 시대를 살고 있기 때문에 예전 대가족 시대의 정겨움을 모릅니다. 참고로 대가족의 정겨움을 이야기해 주면 다음 장인 '믿음의 유기체'로 자연스럽게 연결됩니다.

3—믿음의 유기체, 가정

1. 다음 글을 읽어 보세요.

●●● 최근 들어 청소년 가출 문제가 위험 수위를 넘고 있다. 특히 친구들이 권유하거나 인터넷에서 만난 친구들이 서로 친해져서 가정을 떠나 자기들끼리 독립성을 추구하는 경우가 날이 갈수록 많아지고 있다. 가출을 한 청소년들은 타락한 문화에 빠져들기 쉬우며 범죄에 쉽게 노출되어 있어 하루 속히 해결 방안을 찾아야 한다.

2. 왜 사람들은 가출을 하게 될까요? 가출하는 사람의 심리 상태를 상상해서 적어 보세요.

질풍노도 시기의 순간적인 충동

친구의 권유나 가입한 동아리 단체의 외압

가정의 문제(가정폭력 등)

3. 가출하는 사람이 문제일까요, 그 가정이 문제일까요?

통계 자료에서는 가출하는 사람의 80~90%가 가정에 문제가 있었습니다. 물론 둘 다 문제지만, 가정 문제 또한 무시할 수 없습니다.

4. 요한복음 15장 1~5절을 읽고 물음에 답해 보세요.

❶ 서로 맞는 것에 줄을 그어 보세요.

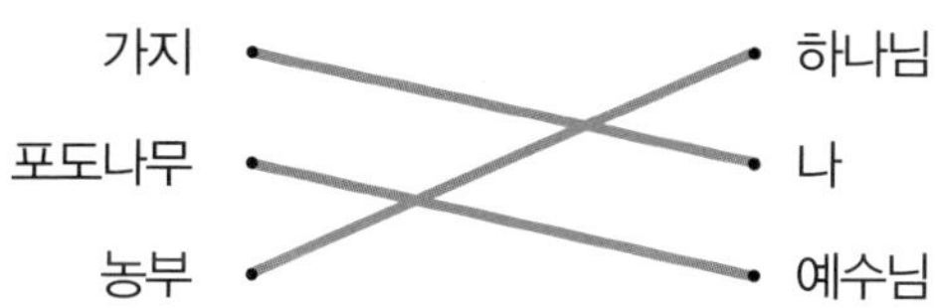

❷ 우리가 포도나무의 가지들이라면 포도나무를 떠나서는 살 수가 없어요. 포도나무에 붙어 있으려면 어떻게 해야 할까요?

포도나무와 가지는 물관과 체관으로 연결되어 있습니다. 뿌리를 통해 수분이 흡수되면 물관을 통해서 가지들로 이동합니다. 광합성을 통해 만들어진 양분도 체관을 통해 가지들로 이동합니다. 그러므로 가지는 반드시 포도나무에 붙어 있어야만 영양분을 공급받을 수 있습니다.

예수님께 붙어 있으려면 어떻게 해야 할까요?

: 회개하는 마음으로 예수님을 따르고, 사랑해야 합니다.

주인(하나님)은 어떤 포도나무를 자르고 불살라 버릴까요?
건강한 포도나무가 되려면?

❸ 포도나무가 예수님이고, 우리가 가지라면 우리는 반드시 예수님 안에 거해야 살 수 있어요. 이것을 '유기체'라고 합니다. 그렇다면 가정은 나와 어떠한 관계를 가질까요? 가족의 관계를 본문 말씀과 비교해서 표현해 보세요.

예수님과 우리의 관계가 유기체적인 관계라면 우리와 가정의 관계도 '육적인 유기체 관계'가 됩니다. 우리도 가족과의 사랑을 떠나서는 살아갈 수 없습니다.

> **Tip**
> **사형수들의 가족**
> 사형수들이 희망을 버리지 않고 오랫동안 감옥 생활을 영위할 수 있는 힘은 1위가 '종교'이며, 2위가 '가정'이라고 합니다. 그만큼 종교의 힘과 가정의 힘은 한 사람의 영혼을 정화시키고 어떠한 상황도 이겨낼 수 있게 합니다.

4—가정생활의 원동력 : 사랑

1. 누가복음 6장 27~28절을 읽고 핵심 단어를 세 개만 적어 보세요.
   (너희 원수를 사랑하며)
   (저주하는 자를 축복하며)
   (모욕하는 자를 위해 기도하라)

2. 예수님의 가르침은 "원수도 사랑하라"라는 가르침이에요.
   어떤 가족들은 엄마, 아빠가 서로 원수지간이기도 하고 부모와 자식 간에 원수지간인 가족도 있어요. 우리 가족은 어떤가요? 반 친구들과 가족관계에 대해서 이야기해 보세요.
   우선 자신의 가족 관계를 나누게 하십시오. 그 후 가장 사이가 안 좋은 사람이 누군지 이야기하게 하고 그 이유를 서로 나누게 합니다. 그러면서 어떻게 하면 사이가 좋아질 수 있는지에 대해 서로 조언을 구하도록 하십시오.

3. 나는 부모님의 어떤 모습 때문에 실망하나요? 세 가지만 적어 봅시다.

혹시라도 아이들이 기록한 것에서 부모님에 대해 전적으로 오해한 것이 있다면 선생님이 소신 있게 부모님을 이해하는 입장에서 고쳐 주세요.

4. 나의 어떤 모습 때문에 부모님이 실망하실까요? 세 가지만 적어 봅시다.

역지사지(易地思之) 질문입니다.
자기 스스로를 깊이 돌아보고 반성할 수 있는 기회를 주십시오.

5. 선생님과 모든 반 친구들과 함께

혹시라도 가족 중에 미워하는 사람이 있다면 눈을 감고 그 사람의 얼굴을 떠올려 보세요. 그리고 반 친구들과 함께 그들을 사랑할 수 있는 마음을 달라고 기도해 보세요. 마지막으로 선생님께서 마무리 기도를 해주세요.

> **Tip**
>
> **기도**
>
> 아마도 가족 구성원간에 아무 문제도 없는 가족은 없을 것입니다. 싸움이 너무 많은 가정도 문제지만, 어떤 싸움이나 대화조차 없는 냉랭한 가정 또한 문제입니다. 5번을 통해서 서로의 가정에 대한 문제점을 털어놓고 진심으로 하나님께 도움을 구하도록 하십시오. 교사가 분위기를 잘 유도해 기도하세요.

5 활동 퀘스트

용서의 편지 쓰기

우리 가족 중에 혹시라도 미워했던 사람이 있다면 그 가족에게 용서의 편지를 써 보세요. 진심으로 용서의 편지를 쓴다면 하나님께서 그 사람을 진심으로 사랑할 수 있는 마음을 주실 거예요!

To.

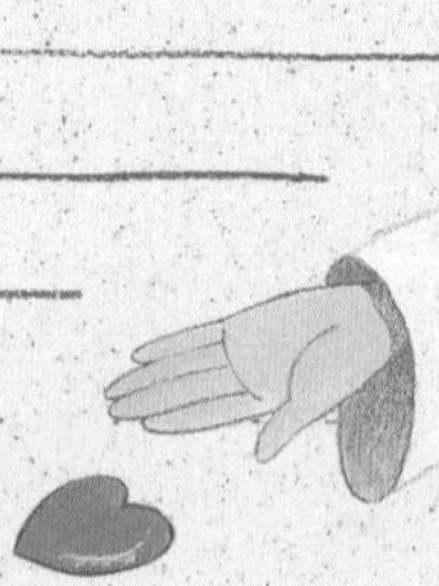

다음주에 외울 암송구절

"새 계명을 너희에게 주노니 서로 사랑하라 내가 너희를 사랑한 것 같이 너희도 서로 사랑하라 너희가 서로 사랑하면 이로써 모든 사람이 너희가 내 제자인 줄 알리라."

요한복음 13:34~35

"자녀들아 우리가 말과 혀로만 사랑하지 말고 행함과 진실함으로 하자."

요한일서 3:18

기도로 맺어진 우리들의 끈

한 사람을 사랑하는 가장 좋은 방법은 그 사람을 위해서 기도하는 거예요. 기도는 '바라는 것' 이 '실상(實狀, reality)' 이 되는 놀라운 능력이에요! 서로를 위해 기도하며 하나님 나라의 비밀을 체험하는 시간이 되기를 소망합니다.

기도 대상자	기도 제목

"너는 기도할 때에 네 골방에 들어가 문을 닫고 은밀한 중에 계신 네 아버지께 기도하라 은밀한 중에 보시는 네 아버지께서 갚으시리라"
(마태복음 6:6).

생활과제 보고서

제자의 생활훈련

1. 가정 예배를 이렇게 드렸어요.

- 예배 사회 :
- 찬 양:
- 대표 기도:
- 성경 본문 :
- 설 교 자 :
- 설교 내용 요약:

2. 우리 가족 기도 제목 나누기

이름	기도 제목

3. 생활의 제자훈련

날짜	섬김의 내용	부모님 확인
예) 월/일	예) 내 방 청소하기	○ △ ×

✚ 말씀으로 맺어진 하나님의 은혜

주일설교 note

설교 날짜 :

설교 제목 :

본문 말씀 :

설교 내용 :

적용 질문

❶ 설교 말씀을 듣고 새롭게 깨달은 사실이 있다면 무엇일까요?

❷ 나는 이제 어떻게 살아야 할까요?

8과

주님이 주신 새 계명 : 사랑

| 훈련 목적 |

1. 왜 사랑해야 하며 어떻게 사랑해야 하는지 깨닫는 시간을 가지세요.
2. 고린도전서 13장을 통해 사랑의 속성을 알고 그 속성을 몸에 익히게 합니다.
3. 사랑은 아는 것으로 끝이 아니라 직접 행동해야 함을 알려 줍니다.
4. 나를 한없이 사랑하신 하나님과 예수님의 사랑을 깨닫고 그런 사랑을 실천하도록 도와줍니다.

| 외울 말씀 |

1. "새 계명을 너희에게 주노니 서로 사랑하라 내가 너희를 사랑한 것같이 너희도 서로 사랑하라 너희가 서로 사랑하면 이로써 모든 사람이 너희가 내 제자인 줄 알리라"(요한복음 13:34~35).
2. "자녀들아 우리가 말과 혀로만 사랑하지 말고 오직 행함과 진실함으로 하자"(요한일서 3:18).

| 교사 준비물 |

1. 환영과 인사
2. 기도
3. 제자훈련 오리엔테이션(숙제, 기간, 훈련 요소 등)
4. 제자훈련 소감문 공지
5. 아이들을 향한 간단한 편지나 엽서 or 선물 등

1—ICE BREAK

> **Tip**
> **사랑했던 것들**
> 제자훈련 마지막 주제는 '사랑' 입니다. 제자훈련을 받는 이유도 내가 하나님을 사랑하기 때문이며, 예수님의 사랑에 감격하기 때문입니다. 또한 그 받았던 사랑을 남에게 베풀기 위해서 제자훈련을 받는 것입니다. 내가 예전에 사랑했던 것들, 사랑했던 사람들을 떠올려 보며 진정한 사랑의 의미를 찾아보세요.

"사랑 방정식"

지금까지 물건이든 사람이든 내가 가장 사랑했던 것이 있다면 적어 보세요.

내가 가장 사랑했던 것은…

1. 왜 그것을 적었나요? 그 이유는 무엇인가요?

2. 나는 내가 가장 사랑하는 그것을 위해 어떤 노력을 했었나요?

2—어떻게 사랑해야 할까요?

1. 마태복음 22장 37~40절을 읽고 하나님과 이웃을 향해 우리가 어떤 사랑을 주어야 하는지 살펴보도록 해요.

❶ 첫 번째 사랑은?

"네 마음을 다하고 목숨을 다하고 뜻을 다하여 주 너의 하나님을 사랑하라."

❷ 두 번째 사랑은?

"네 이웃을 네 몸 같이 사랑하라."

❸ 우리가 하나님께 드려야 할 사랑은 첫째 계명이라고 말하고 있어요. 우리는 하나님께 어떻게 사랑을 드려야 하나요?(37절)

마음과 목숨과 뜻을 다한 사랑입니다.

마음과 목숨과 뜻을 다한다는 말은 어떤 말인가요?

:우리의 모든 것을 가지고 사랑한다는 말입니다. 이것을 줄여서 전 인격적인 사랑이라고 말할 수 있을 것입니다.

마음과 목숨과 뜻을 다하여 사랑한 적이 있나요?

나를 향한 부모님의 사랑과 비교해 보세요.

❹ 우리가 하나님을 전심으로 사랑하지 못하는 원인이 어디에 있다고 생각하나요? 그리고 어떻게 하면 우리가 하나님을 전심으로 사랑할 수 있을까요?

역설적이게도 우리가 하나님을 전심으로 사랑하지 못하는 이유는 하나님이 우리를 얼마나 사랑하는지 잘 모르기 때문입니다. 하나님의 사랑이 얼마나 엄청난 것인지 마음의 눈으로 보고, 귀로 듣고, 가슴으로 담아 보기 전에는 하나님을 전심으로 사랑할 수 없습니다.

> **Tip**
>
> **하나님의 사랑을 깊이 깨닫기 위해서 구체적으로 무엇을 해야 할까요?**
>
> 1. 기도해야 합니다. 바울처럼 "능히 모든 성도와 함께 지식에 넘치는 그리스도의 사랑을 알아 그 넓이와 길이와 높이와 깊이가 어떠함을 깨달아 하나님의 모든 충만하신 것으로 너희에게 충만하게 하시기를 구하노라"(에베소서 3:18~19)라고 말합니다.
>
> 2. 성경을 끊임없이 묵상하고 연구해야 합니다. 성경 속에는 하나님이 우리를 어떻게 사랑하시는지 기록되어 있기 때문입니다
>
> 3. 십자가와 복음을 늘 묵상해야 합니다. 복음 속에는 주님께서 우리를 사랑하신 최고의 표현인 십자가의 사랑이 담겨 있기 때문입니다.

❺ 내 몸처럼 이웃을 사랑하라는 말의 의미는 무엇일까요?

사람은 이기적인 존재입니다. 극한의 상황에 처하면 자기 자신만 챙기게 되어 있습니다. 내 몸처럼 이웃을 사랑하라는 말은 이타심을 뜻하는 말입니다. 진정한 사랑은 나와 특별한 관계가 없는 사람을 위해서도 목숨을 바칠 수 있는 사랑입니다.

3 고린도전서 13장의 사랑

1. 고린도전서 13장에 따르면

사랑은 (사람의 방언과 천사의 말)보다 더 탁월하고 : 1절

사랑은 (예언하는 능력과 믿음)보다 더 탁월하고 : 2절

사랑은 (모든 것을 구제하는 것)보다 더 탁월하다 : 3절

2. 4~7절을 읽으며 사랑의 열다섯 가지 본질을 찾아서 적어 보세요.

❶ 오래 참고	❾ 악한 것을 생각하지 아니하며
❷ 온유하며	❿ 불의를 기뻐하지 아니하며
❸ 시기하지 아니하며	⓫ 진리와 함께 기뻐하고
❹ 자랑하지 아니하며	⓬ 모든 것을 참으며
❺ 교만하지 아니하며	⓭ 모든 것을 믿으며
❻ 무례히 행치 아니하며	⓮ 모든 것을 바라며
❼ 자기의 유익을 구치 아니하며	⓯ 모든 것을 견디느니라
❽ 성내지 아니하며	

3. 이런 본질들 가운데 나에게 가장 약한 부분은 무엇일까요?

가급적이면 이 15가지 사랑의 속성을 암기하게 하십시오(숙제로 해도 좋습니다). 선생님이 미리 '사랑은 오래 참고' 찬양 악보를 준비해 함께 부르세요.

4. 이런 본질들을 다 가지신 분이 있는데, 그분은 누굴까요? 그리고 이 사랑의 본질들을 한 번에 이루신 사건은 무슨 사건일까요?

예수 그리스도는 사랑의 결정체입니다.
사랑의 결정체인 그는 십자가를 통해 사랑의 극치를 보여 주셨습니다.

5. 사랑의 본질 중에 ❶과 ⓯의 본질은 무엇인가요? 왜 같은 말이 두 번 나올까요?

오래 참음, 모든 것을 견디는 것.
사랑은 그만큼 '인내'하는 것임을 극명히 보여 줍니다.

사랑하기 때문에 견디고 인내한 적이 있나요?
사랑은 왜 인내라고 생각하나요?

6. 사랑은 견디는 것이라는 말의 의미는 무엇일까요? 사람들의 관계 속에서 잘 생각하고 이야기해 보세요.

선생님은 '사랑은 견디는 것'을 잘 설명해 주는 예화를 몇 개 준비해 설명하십시오.

> **Tip**
>
> **사랑(Love)이란?**
>
> 최고 극한(極限)의 희생을 나타내는 성경의 가장 중요한 용어이며 성경의 독특한 말이기도 합니다. 신약에서는 기독교의 사랑을 나타내기 위해 '아가페'를 씁니다. (보통 그리스어로 표현된 네 가지 사랑은 에로스 '육체적인 사랑', 스트로게 '가족 혈족에 대한 자연적인 사랑', 필리아 '친구에 대한 우정의 사랑', 아가페 '아가페의 사랑'이다.) 특히 에로스가 자연적 내지 가치 추구적인데 비하여, 아가페는 자기 부정적이고, 기꺼이 자기를 남에게 주는 사랑입니다(요한복음 3:16).

4—사랑은 행동 방정식

1. 로마서 12장 20절을 찾아 적어 보세요.

로마서 12:20

"네 원수가 주리거든 먹이고 목마르거든 마시게 하라 그리함으로 네가 숯불을 그 머리에 쌓아 놓으리라."

2. 여기서 말하는 "먹이고", "마시게 하라"는 말은 단순한 말인가요, 직접 하는 행동인가요? 우리는 여기서 무엇을 깨달을 수 있을까요?

먹이고 마시우라는 말은 '동사'입니다. 동사는 단순히 말로 끝나는 것이 아니라 직접 행동하는 것입니다. 그러므로 사랑은 행동하는 것입니다. 말로만 하는 것은 사랑이 아니라 '허공을 치는 외침'에 지나지 않을 것입니다.

3. "숯불을 그 머리에 쌓아놓으리라"라는 말은 무슨 뜻일까요?

원수에게 은혜를 베풂으로써 원수의 얼굴을 부끄럽게 만든다는 뜻입니다. 원수에게 복수가 아닌 사랑을 표현한다면 원수의 얼굴은 미안함으로 부끄러워질 것입니다.

> **Tip**
>
> **사랑의 원자탄 : 손양원 목사님**
>
> 손양원 목사님은 자기 아들들을 죽인 원수를 양자로 삼는 사랑의 절정을 보여 주었습니다. 사람들은 그를 '사랑의 원자탄'이라고 불렀습니다. 자기 아들을 죽인 원수를 사랑하여 양자로 삼는다는 것은 인간으로서 도저히 할 수 없는 일입니다. 오직 그리스도의 사랑으로만 가능한 일입니다.

4. 말로 백 마디 하는 것보다는 한 번이라도 행동으로 사랑을 표현하는 것이 더 소중해요. 우리의 일상생활 속에서 이런 경험이 있다면 이야기해 보세요.

부모님의 사랑을 생각해 보세요.

: 부모님이야말로 사랑을 몸소 체험하신 분입니다. 하지만 부모님의 지극한 사랑이 숫자 '100'이라면 하나님의 사랑은 무한입니다.

5. 1년 동안 제자훈련을 받으면서 행동으로 사랑을 표현한 적이 있나요? 있다면 나누어 보고, 없다면 오늘 이후로 해 보세요. 어떤 표현을 할 수 있을까요?

말로 사랑을 표현하는 방법, 작은 선물로 마음을 전달하는 방법, 몸으로 사랑을 전하는 방법, 노래로 사랑을 전하는 방법 등.

5 활동 퀘스트

사랑 릴레이 ♥ ♡ ♥ ♡ ♥ ♡ ♥ ♡ ♥ ♡ ♥ ♡

선생님부터 시작해서 시계 방향으로 돌면서 각각 옆 사람에게 사랑을 표현해 보세요! 사랑을 표현하는 방법은 말 한마디, 행동 한 번으로 하는데, 제대로 표현하면 다 같이 "통과"를 외치고, 제대로 못하면 다시 한 번 더 합니다.

♥ ♡ ♥ ♡ ♥ ♡ ♥ ♡ ♥ ♡ ♥ ♡ ♥ ♡ ♥ ♡

기도로 맺어진 우리들의 끈

한 사람을 사랑하는 가장 좋은 방법은 그 사람을 위해서 기도하는 거예요. 기도는 '바라는 것' 이 '실상(實狀, reality)' 이 되는 놀라운 능력이에요! 서로를 위해 기도하며 하나님 나라의 비밀을 체험하는 시간이 되기를 소망합니다.

기도 대상자	기도 제목

"너는 기도할 때에 네 골방에 들어가 문을 닫고 은밀한 중에 계신 네 아버지께 기도하라 은밀한 중에 보시는 네 아버지께서 갚으시리라" (마태복음 6:6).

생활과제 보고서

제자의 생활훈련

1. 가정 예배를 이렇게 드렸어요.

- 예배 사회:
- 대표 기도:
- 설교자:
- 설교 내용 요약:
- 찬　양:
- 성경 본문:

2. 우리 가족 기도 제목 나누기

이름	기도 제목

3. 생활의 제자훈련

날짜	섬김의 내용	부모님 확인
예) 월/일	예) 내 방 청소하기	○ △ ✕

말씀으로 맺어진 하나님의 은혜

주일설교 note

설교 날짜 :

설교 제목 :

본문 말씀 :

설교 내용 :

적용 질문

❶ 설교 말씀을 듣고 새롭게 깨달은 사실이 있다면 무엇일까요?

❷ 나는 이제 어떻게 살아야 할까요?

제자훈련 소감문 쓰기

제자훈련 1년 과정을 마치면서 새롭게 깨달은 점과 내 삶 속에서 변화된 점들을 적어 보세요.